Wolfgang Berke / Uwe Hirschmann

Erlebnis Motorrad

für Fahrerinnen und Fahrer im

Ruhrgebiet

- ◼ die wichtigsten Treffs
- ◼ nur mal kurz um die Ecke
- ◼ die besten Kurven
- ◼ die schönsten Touren

Klartext

Danke

für Anregungen, Informationen und Tipps zu Strecken, Treffs und Sehenswertem bzw. für Mitarbeit an Gestaltung und Fotos: Maria-Elisabeth Sporkmann, Beate Diehl, Heinrich Sporkmann, Torsten Hintze, Bernd Zucht und die Moto Chevaliers Bochum, Andreas König, Aprilia Deutschland, Walter Surmann, Herbert Schibelka, Dieter Pfennigwerth, www.naviboard.de

Dieses Buch ist kein Reiseführer!

Wir wollen auch niemandem das Ruhrgebiet mit seiner Fülle von Sehenswürdigkeiten vorstellen. Dafür gibt es andere Bücher.

Hier steht das Motorradfahren im Vordergrund. Nicht mitten durchs Revier, sondern durch die grünen Landschaften am Rande, die eine Menge Fahrspaß bieten. Und wenn die Runde am Wochenende mal etwas größer sein darf: Auf durchs Bergische, durchs Sauer- und Münsterland oder zum Niederrhein. Viele Touren und Streckenteile lassen sich miteinander kombinieren, Sehenswertes gibt es unterwegs in Hülle und Fülle. Einiges davon stellen wir in diesem Buch vor.

Meinungen und Anregungen sind natürlich immer willkommen. Unsere Website: www.medienbuero.info

Wolfgang Berke   *Uwe Hirschmann*

Erlebnis Motorrad Ruhrgebiet
Wolfgang Berke / Uwe Hirschmann

Essen: Klartext-Verlag 2003
ISBN 3-89861-183-3
3. Auflage Februar 2004

Gestaltung: Wolfgang Berke -medienbüro ruhr-
Druck und Bindung: Himmer, Augsburg
© Klartext-Verlag, Essen / Wolfgang Berke -medienbüro ruhr-
Alle Rechte vorbehalten.

Bibliografische Information der Deutschen Bibliothek: Die Deutsche Bibliothek verzeichnet diese Publikation in der Deutschen Nationalbibliografie; detaillierte bibliografische Daten sind im Internet über <http://dnb.ddb.de> abrufbar.

Alle in diesem Buch enthaltenen Angaben wurden von den Autoren nach bestem Wissen erstellt und mit größtmöglicher Sorgfalt überprüft. Gleichwohl sind – wie wir im Sinne des Produkthaftungsrechtes betonen müssen – inhaltliche Fehler nicht vollständig auszuschließen. Trotz sorgfältigster Recherchen sind vor allem bei den gastronomischen Betrieben kurzfristige Änderungen möglich (Öffnungszeiten, Angebote, Verfügbarkeiten). Hinsichtlich der vorgestellten Touren können kurzfristige Sperrungen, Umleitungen oder Neuregelungen des Verkehrs die dargestellte Streckenführung verändern. Daher erfolgen die Angaben ohne jegliche Verpflichtung oder Garantie des Verlages oder der Autoren. Alle Genannten übernehmen keinerlei Verantwortung oder Haftung für inhaltliche Unstimmigkeiten.

Inhalt

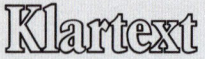

Motorrad fahren im Ruhrgebiet?

Wie soll das denn gehen? Das Ruhrgebiet ist eine der zugebautesten Regionen Europas! Staus, Ampeln, Baustellen, Straßenschäden, Tempolimits – der tägliche Verkehrsinfarkt, und wir mitten drin. Gut, wir können ein paar Minuten Zeit machen, indem wir uns an den Blechlawinen vorbeischlängeln. Und noch ein paar Minuten schinden, weil wir keinen Parkplatz für unsere Motorräder suchen müssen. Aber sonst? Richtig Spaß macht es mitten im Herz der Städte wirklich nicht.

Aber drum herum! Also:

Raus aus der Stadt, rein ins Vergnügen!

Das Vergnügen beginnt (fast) vor der Haustür. In der Peripherie des Ruhrgebiets, gleich am Rande der Städte, bekommt unser Motorrad seinen tieferen

Sinn. Wenn es rollen darf, wenn der Blick auf den Tacho überflüssig wird, wenn die Kurvenbögen nur für uns gezirkelt erscheinen – und wenn das satte Grün drum herum unsere Sinne ebenso betört wie der Klang des kompakten Kraftwerks unter uns.

Erlebnis Motorrad!

Zum Motorradfahren braucht es nicht nur das Mopped, sondern auch Strecke, Landschaft, Straße und Stopps. Und zwar nicht irgendwo weit weg, sondern um die Ecke.

Und deshalb gibt es jetzt endlich dieses Buch, das erste seiner Art!

Motorradfahren durch die Heimat, im besten Sinne. Schöne Strecken am Feierabend und am Wochenende. Tipps und Infos über Sehenswertes am Rande. Und natürlich alle wichtigen Motorradtreffs in der Umgebung. Also, nix wie los – und immer 'ne Handbreit Asphalt unter'm Reifen!

Was ist neu?

Idealformat: Das Buch fürs Kartenfach.

Mit diesen Karten kann man navigieren! Das Buch aufschlagen, um 90° kippen und in das Kartenfach des Tankrucksacks schieben. So passt das geöffnete Buch in alle handelsüblichen Kartentaschen. Die Fadenbindung sorgt dafür, dass das Buch auch nach dem x-ten Aufklappen nicht auseinanderfällt.

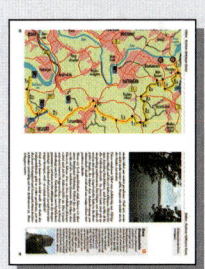

Klare Sache: Das Roadbook in der Karte

Roadbooks funktionieren immer nur in einer Richtung, und man muss sich ziemlich strikt an die Route halten. Ziemlich unflexibel also. Besser sind Karten, die alle notwendigen Informationen liefern, die man zur Orientierung braucht. Nach dem Zoom-Prinzip ist immer der optimale Kartenausschnitt gewählt.

Alle Abzweigungen und wichtigen Ortskerne sind mit kleinen Punkten markiert. Die Entfernungen zwischen diesen Punkten sind neben der markierten Strecke verzeichnet. Auf 100 Meter genau.

Alle Details, die man zum Navigieren braucht, sind in der Karte zu finden. Alles Überflüssige blieb weg.

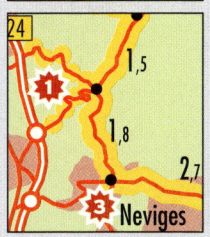

Wer mehr Informationen will: Die Begleittexte beschreiben die Strecke ausführlich, mit allen notwendigen Abbiegehinweisen und Straßennamen.

Insider-Tipps: Essen, Trinken, Leute treffen

Alle auf den Karten verzeichneten Treffs werden in diesem Buch ausführlich vorgestellt. Mit Adressen, Anfahrt und Kurz-Check. Was sich hinter den Ziffern verbirgt, steht ab Seite 46.

Specials: Sehenswertes an der Strecke

Nicht nur Fahren macht Spaß. Manchmal gehört auch Anhalten und Gucken dazu. Wo es sich wirklich lohnt, gibt's einen Stern plus Info.

Kleine Touren für zwischendurch

**Hausstrecken,
Feierabend-Runden
und Sehenswertes unterwegs**

From Coast to Coast

Strecke:	vom Kemnader Stausee zum Baldeneysee
Länge:	ca. 32 km
Sightseeing:	Haus Kemnade, Burg Blankenstein
Kombinationen:	Seite 14, Seite 20, Seite 26, Seite 90

Mal angenommen, wir wollten von See zu See. Genauer: vom *Kemnader Stausee* im Städtedreieck Bochum, Witten, Hattingen zum *Baldeneysee* in Essen. Starten wir also an der Kemnade, oder präziser gesagt am *Haus Kemnade*, einem alten Wasserschloss, das der Stadt Bochum gehört, aber auf Hattinger Gebiet liegt. Ein ähnliches Kuriosum ist nur wenige Kilometer weiter zu finden: Auch die *Burgruine Blankenstein* gehört der Stadt Bochum. Aber da wollen wir ja nicht hin, also verlassen wir Haus Kemnade gen Süden, kreuzen die *Wittener Straße* und fahren ins *Hammertal* hinein.

An der Abzweigung nach *Holthausen* biegen alle diejenigen rechts ab, die den Komfort der breiten (aber langweiligen) Straße zu schätzen wissen. Wer sich auf das Abenteuer „kleiner Waldweg" einlassen möchte (keine Angst, ist alles asphaltiert, nur nicht so gut), nimmt die nächste rechts und biegt in den *Waldweg* ein (heißt wirklich so). Der windet sich

Haus Kemnade   ❶

Unweit des Kemnader Stausees liegt die südlichste Wasserburg Westfalens. Drei Ausstellungen buhlen in ihren Mauern um die Gunst des Besuchers: eine private Ausstellung von Musikinstrumenten aus aller Welt, eine ebenfalls private Ausstellung von ostasiatischen Kunstobjekten und eine Wechselausstellung des Kunstvereins. Wer's profaner mag, setzt sich einfach in den Biergarten im Schlosshof und lässt sich von der Restaurantküche verwöhnen.

dann durch (wie kann es anders sein) dichten Wald und vorbei an einzelnen Häusern recht abenteuerlich auf einen Bergkamm, der manch schöne Aussicht bietet.

Der Abstieg ist kürzer, und nach einem Einbahnstraßenschlenker fahren wir rechts ab wieder auf eine Normstraße Richtung *Holthausen* und *Welper*. An der nächsten ernst zu nehmenden Kreuzung geht es links in die *Holthauser Straße* und nach 500 Metern erneut links ab in den *Salzweg*. Dem vertrauen wir uns jetzt die nächsten 2,5 Kilometer an, denn er bringt uns auf höchst angenehme Weise runter ins Tal zur B 51. Auf der wollen wir aber nicht fahren, also überqueren wir sie leicht schräg und fahren in die *Johannessegener Straße*.

Nach einer Bahnüberführung geht es rechts ab in die Straße *Am Wasserturm*, die uns wieder mal die Elfringhauser Schweiz von ihrer vorteilhaften Seite zeigt. Wenn's mit dem Wasserturm zu Ende geht, kreuzt die *Paasstraße*, auf die wir rechts einschwenken. Vorfahrt achten am *Wodantal*, aber die Paas-

Bild oben: Kleine und kleinste Sträßchen im Süden von Essen und Hattingen lassen direkt vor der Haustür echte Urlaubsgefühle aufkommen.
Bild links unten: Wer diese kleinen Strecken kennt, kennt auch solche Bilder. Pferdekoppel bei Hattingen.

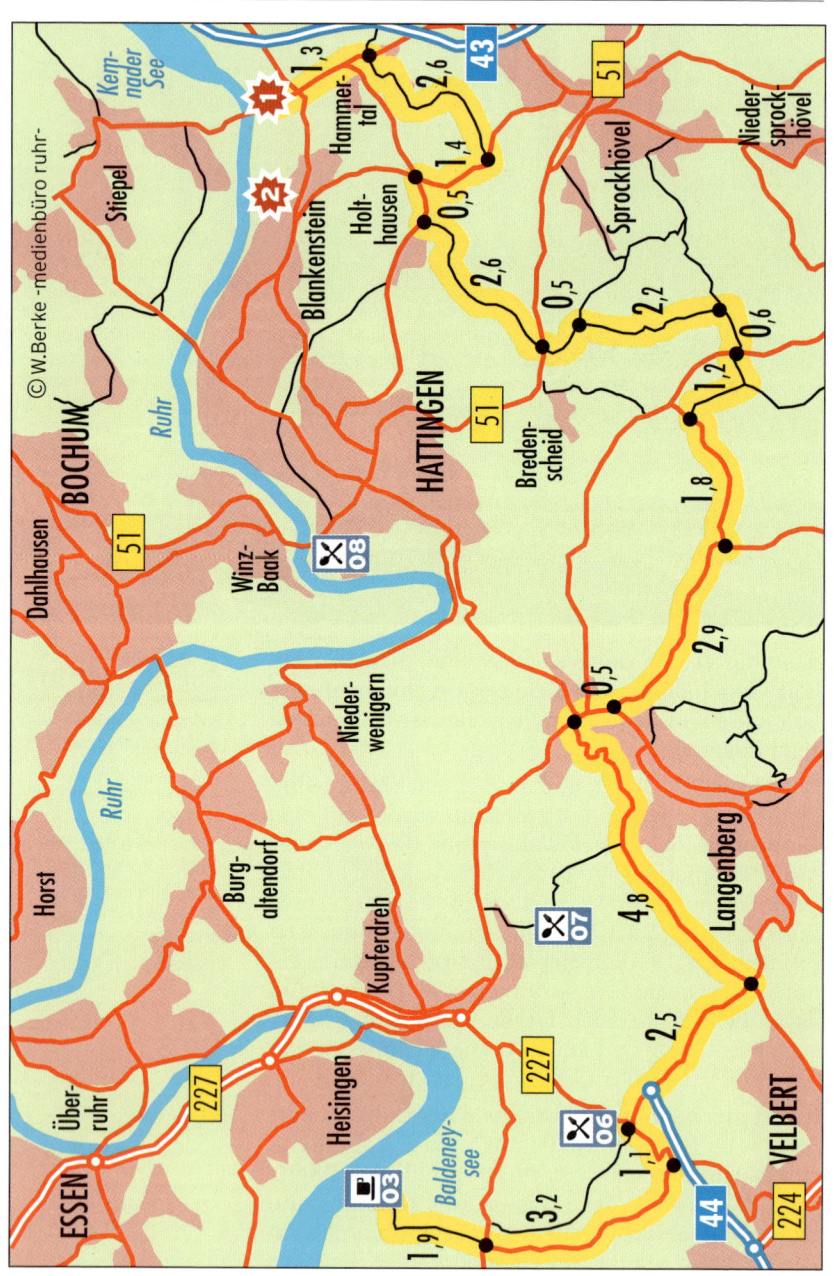

Baldeneysee bei Haus Scheppen.

straße führt uns weiter geradeaus. Und erst, wenn es nicht mehr weiter geht, biegen wir rechts ein in die Straße *Am Stuten*.

Diese wiederum führt uns zielstrebig zur *Elfringhauser Straße*, auf die wir links abbiegen. Wieder bis zum Anschlag durchfahren und dann rechts ab in die *Felderbachstraße*. An deren Ende sind wir in *Langenberg-Nierenhof* angekommen, hier biegen wir rechts ab und an der zweiten Ampel wieder links in die *Bonsfelder Straße*, die hinter dem Bahnübergang zur *Nierenhofer Straße* wird und uns einige schöne Serpentinen schenkt.

Wenn wir hoch geschlenkert sind, fahren wir über einen Bergkamm Richtung *Velbert*, bis ein Schild rechts auf die *Autobahn* hinweist. Wir folgen dem Hinweis, fahren aber an dem Autobahnzubringer vorbei und auf die *Hubertushöhe* zu. Hier könnte man einen kurzen Stopp machen, aber wir wollen ja unbedingt zum See. Also links ab, zwei Spitzkehren genommen und dann rechts abbiegen in die *Hespertalstraße*. Auf dieser darf man sich nur mit Innerortstempo bewegen, weil – ja warum eigentlich?

Und wer's immer noch nicht weiß: Am Ende der Hespertalstraße geht es weiter geradeaus, mit 30 durch ein Wohngebiet und dann nach einem Rechtsschlenker zielstrebig auf den *Baldeneysee* zu. *Haus Scheppen wartet.*

Burg Blankenstein **2**

Etwa zwei Kilometer westlich von Haus Kemnade lädt die Burg Blankenstein zu einem kleinen Abstecher und einem herrlichen Blick ins Ruhrtal ein. Den genießt man am besten vom 26 Meter hohen Turm, der genauso wie die anderen noch erhaltenen Reste der Burg seit 1922 der Stadt Bochum gehört. Die fast 800 Jahre alte Burg steht auf den Trümmern der damals dort zerstörten Isenburg. Knapp 200 Jahre alt ist der Irrgarten, der sich hinter dem Parkplatz des ehemaligen Amtshauses erstreckt und auch heute noch die Besucher erfreut.

Täler, Stollen, Tiefgaragen

Strecke:	Bummeltour zwischen Bochum und Witten
Länge:	ca. 30 bzw. 35 km
Sightseeing:	Haus Kemnade, Muttental, Ruhruniversität
Kombination:	Seite 10

Haus Kemnade

Die alte Wasserburg beherbergt drei Ausstellungen (siehe auch Seite 10) und ist alle zwei Jahre der Austragungsort des Multikulti-Festivals „Kemnade International". Zu Beginn oder am Ende der Tour kann man sich im Burghof auch Speisen und Getränke schmecken lassen.

Wenn mal Kurven und Geschwindigkeit nicht die erste Geige spielen müssen, ist vielleicht diese kleine Tour das Passende. Wir kratzen am Rand der Städte und nehmen uns etwas Zeit, der Wiege des Bergbaus einen Besuch abzustatten. Fluchtpunkt *Bochum*: Nach Süden raus geht's schnell, wenn man über die *Königsallee* und *Stiepel* fährt. Südlich der Ruhr steht die Wasserburg *Haus Kemnade*, und hier soll die kleine Tour beginnen.

Idylle in Witten: Im Muttental und drum herum kann man prima spazieren gehen. Und Motorrad fahren auch ein bisschen.

 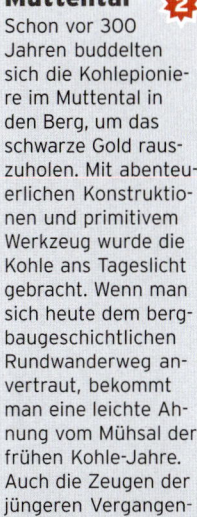

Schon vor 300 Jahren buddelten sich die Kohlepioniere im Muttental in den Berg, um das schwarze Gold rauszuholen. Mit abenteuerlichen Konstruktionen und primitivem Werkzeug wurde die Kohle ans Tageslicht gebracht. Wenn man sich heute dem bergbaugeschichtlichen Rundwanderweg anvertraut, bekommt man eine leichte Ahnung vom Mühsal der frühen Kohle-Jahre. Auch die Zeugen der jüngeren Vergangenheit sind sehenswert,

ob das nun die Kleinzeche Egbert ist oder das Gruben- und Feldbahnmuseum Zeche Theresia. Die Fahrt mit einem Oldie sollte ebenso Pflicht sein wie ein Gang durch den Besucherstollen. Die kleinen Loks fahren am Wochenende, das Museum ist bis auf montags täglich geöffnet.

Weiter geht es geradeaus ins *Hammertal*. Hinter der Firma Pleiger zweigt links die kleine Straße *Rehnocken* ab. Diese wuseln wir uns hoch und nehmen die Spitzkehren mit der gebotenen Vorsicht, schließlich fahren wir durch Wohngebiet. Wenn wir der freigegebenen Straße und dem Hinweis „Fahrtrichtung" folgen, erreichen wir oben eine Gabelung, an der wir rechts den *Brandholzweg* nehmen. Am „Haus Bergfriede" geht es nur scharf rechts, und wir kurven um einige Gehöfte herum.

Vorbei an Viehweiden führt nun der Weg, bis es nicht mehr weiter geradeaus geht. Hier links und sofort wieder rechts, jetzt sind wir auf einer Straße mit dem leckeren Namen *Speckbahn*. Diese führt nach *Witten-Bommern* und durch ein Kröten-Wanderrevier. Wenn wir Anwohner und Wanderkröten hinter uns gelassen haben (hoffentlich unversehrt!), dürfen wir sogar 70 km/h fahren – und bald auch noch frische Waldluft atmen. Über die Kreuzung geht es dann weiter geradeaus, wo das *Muttental* angekündigt wird.

Wer sich an die Straße gewöhnt hat und durch das Warnschild „Kurven" in verheißungsvolle Erwartung versetzt wird, bleibt auf der *Rauendahlstraße* und genießt bald einen kurzen Serpentinenabschnitt. Landet aber auch in *Witten-Bommern*, wo es links ab und zähfließend zur Ruhr runtergeht. Wer sich aber auf der Rauendahlstraße statt des Warnschildes „Kur-

Ruhr-Universität

Wenn man will, könnte man die Universität als Gesamtkunstwerk bezeichnen. Stellvertretend für eine Epoche der Einfallslosigkeit sowie des schlechten Geschmacks. 35.000 Studenten und 5.000 Professoren und Mitarbeiter sind heute tagsüber eine Stadt für sich. Abends ist der Campus ausgestorben. Kein Wunder, denn die Ruhruni wurde in den Sechziger Jahren mitten auf die grüne Wiese gesetzt. Drumherum grasten die Kühe.

Da auch geballte Hässlichkeit faszinierende Dimensionen entwickeln kann, ist ein Besuch lohnenswert. Und der Botanische samt Chinesischem Garten ist ebenfalls sehenswert. Aber aus ganz anderen Gründen ...

ven" lieber dem Hinweisschild Muttental anvertraut hat, ist links abgebogen und auf der deutlich schlechteren Straße gelandet.

Die aber führt zu einer der geschichtsträchtigsten Regionen des Ruhrgebietes, denn das Muttental ist die Wiege des Bergbaus. An Wochenenden ist hier besondere Vorsicht geboten, dann wimmelt es von Radfahrern und Spaziergängern, die hier der Spur der Kohle folgen. Die Zeitreise ist spannend und amüsant. Wer noch nie hier war, sollte das Motorrad ein Weilchen stehen lassen und sich ebenfalls dem bergbaugeschichtlichen Rundwanderweg widmen.

Die *Muttentalstraße* führt weiter runter, und bald ist die Ruhr erreicht, an deren Ufer man an den Wochenenden mit einer Museums- und einer Feldbahn fahren kann. Ein kurzes Stück Ortsdurchfahrt von *Bommern* bleibt uns aber auch auf dieser Route nicht erspart: Wenn's nicht mehr weiter geradeaus geht, links abbiegen, die Ruhr überqueren und am nördlichen Flussufer wieder links fahren. Während wir über den Ruhrdeich gleiten, sehen wir rechts das ehemalige Thyssen-Edelstahlwerk, die letzte noch arbeitende Großindustrie am einstmals dreckigsten Fluss NRWs.

Nachdem wir bei der rechts abknickenden Vorfahrt links abbiegen und Richtung *Hattingen* fahren, werden Straße und Umgebung wieder angenehmer – und auf ein paar Metern haben die Straßenverkehrsbehörden offenbar vergessen, ein Tempolimit festzusetzen. Nach der Ortsdurchfahrt von *Witten-Heven* rechts abbiegen nach *Witten-Heven* (doch, ist so!) und zur Autobahn. Der Verkehr ist jetzt deutlich dichter geworden, kein Wunder, denn das Nordufer des *Kemnader Sees* und das *Freizeitbad Heveney* locken vor allem an schönen Wochenenden Unmengen von Besuchern ins Grüne. Also: durchquälen und weiter. Hinter der Auffahrt zur A 43 stehen dann mehrere Streckenvarianten zur Auswahl.

Wer nix mehr sehen sondern fahren möchte, kreuzt die Autobahn noch einmal und biegt dann links in die *Kleinherbeder Straße* ein. Hier geht es durch Wiesen und Felder Richtung Norden, wo man nach etwa

zwei Kilometern die *Universitätsstraße* erreicht. Die schönere Strecke zweigt jedoch nach einem Kilometer rechts ab und heißt *Ölbachweg*. Einziger Nachteil: Hier dürfen nur Anwohner durch. Wer also anwohnt, fährt die kleine Straße immer geradeaus, hält sich rechts, um in die *Uranusstraße* zu fahren, unterquert die A 44 per Tunnel, überquert die Ampelkreuzung geradeaus und fährt durch dichte Wohnbebauung auf der Straße *Am Neggenborn*. Wenn die *Maasfelder Straße* kreuzt, geht es links ab und dann geradeaus in die *Industriestraße*. Hier zeigen dann die Hinweisschilder zum *Ümminger See* und zum Restaurant *Suntum's Hof* (siehe S. 58) die Richtung.

Wer die Anwohnerstraße meidet, erreicht über die Kleinherbeder Straße die *Universitätsstraße*, biegt hier rechts ab und fährt immer geradeaus. Über die *Wittener Straße* hinüber in die *Ümminger Straße*, bis er irgendwann linker Hand die *Industriestraße* sieht.

Im Keller von Lehre und Forschung sorgt wochentags ein riesiges Labyrinth von Parkflächen und Straßen für die ausreichende Studenten- und Professorenzufuhr. Am Wochenende für Endzeitstimmung.

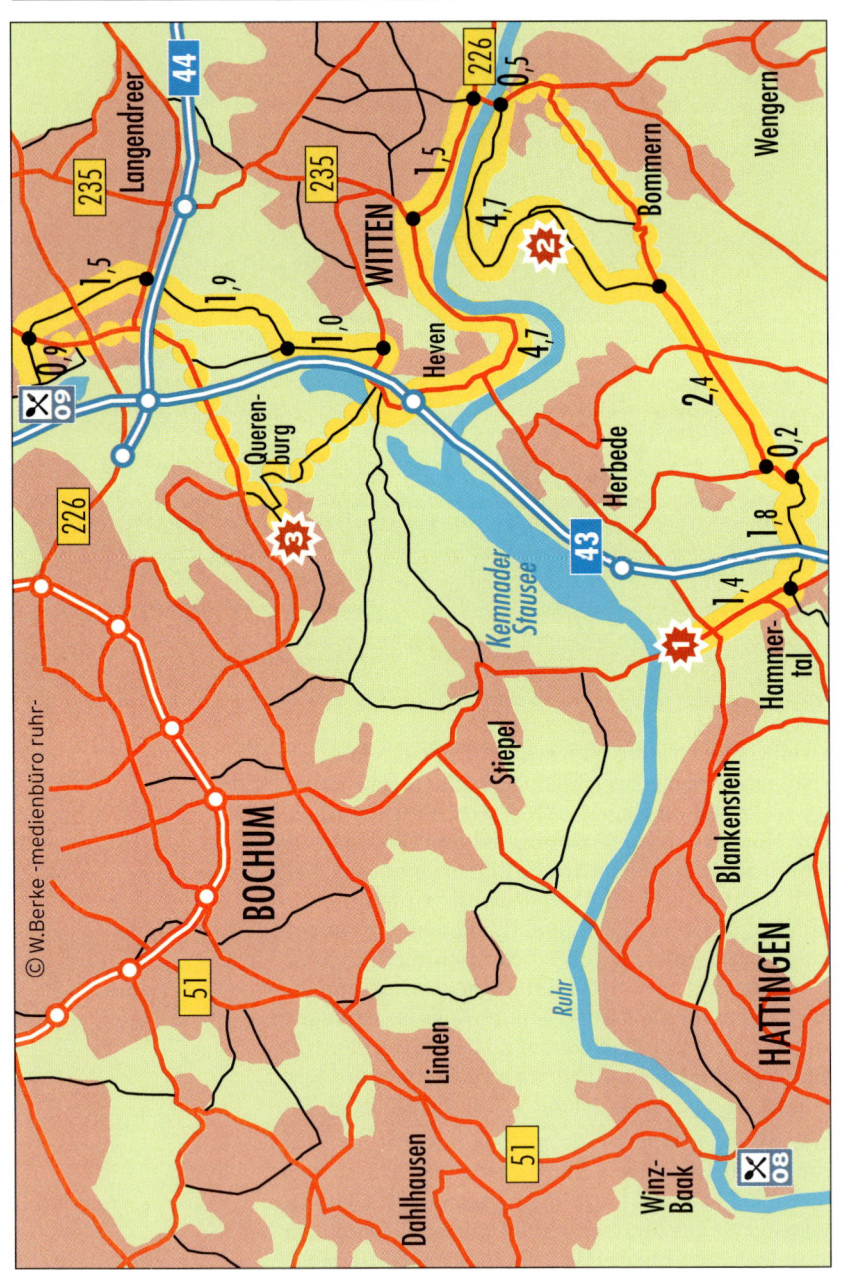

Wer sich am Freizeitbad Heveney für ein weiteres Sightseeing entschieden hat, fährt nicht in die Kleinherbeder Straße, sondern biegt eine Möglichkeit eher links ab in den *Kalwes*. Die Straße ist in einem schlimmen Zustand, bringt uns aber zielsicher hoch zur *Ruhr-Universität*. Vorbei an Technologie- und Gewerbeansiedlungen orientieren wir uns immer an den Hinweisschildern zum *Botanischen Garten*. Der ist durchaus sehenswert und liegt an der südlichen Flanke des gigantischen Beton-Ensembles.

Viel spannender ist es jedoch, in den Keller der Universität zu fahren. Wo wochentags während der Semester Tausende von Studenten- und Professorenautos parken, herrscht an den Wochenenden gespenstische Leere. Kilometerweit kann man vorbei an offenen Schranken unter der Uni herfahren. Schnell hat man die Orientierung verloren, der von den Betondecken und -wänden reflektierte Motorenlärm sorgt für eine unwirkliche Klangkulisse, und es macht sich langsam eine Endzeitstimmung breit, die irgendwo zwischen Bladerunner und Mad Max angesiedelt ist.

Wer es schafft, aus diesem Labyrinth rauszukommen (das geht, die Studenten schaffen das jeden Tag!), landet zumeist auf der *Universitätsstraße*. Hoffentlich in Richtung *Witten* und *Langendreer*, denn da liegt die Wirklichkeit und auch irgendwo der *Ümminger See*, wo wir alle diejenigen treffen, die sich das Abenteuer Beton-Uni nicht gegönnt haben.

Bei richtiger Streckenwahl kommt man an der Ruhruniversität in den Genuss sehenswerter Graffitis.

Mal eben um den Pudding...

Strecke:	flotte Runde um Langenberg
Länge:	ca. 36 km
Sightseeing:	Wallfahrtskirche Neviges, Sender Langenberg
Kombinationen:	Seite 10, Seite 26, Seite 90

Falls wir, am *Haus Scheppen* stehend, ein Würstchen kauend oder einen Kaffee trinkend, plötzlich Lust verspüren, „mal eben kurz um den Pudding" fahren zu wollen, können wir Langenberg vorübergehend zum Pudding erklären und uns auf den Weg gen Süden machen. Vom Seeufer geht es zunächst geradeaus ins schöne Hespertal. Wenn man hier (regelwidrig) Gas geben würde, käme richtig Freude auf. Gelegentlich überholen uns auf der netten Waldstrecke dann Zeitgenossen, die aus dem Konjunktiv einen Imperativ gemacht haben: Gib Gas! Habe Freude! Genieße die Kurven! Tss, tss ...

Das Hespertal: eine feine Strecke direkt vor der Haustür (rechts). Auch nicht schlecht: die kleinen Wege durch die Bergische Schweiz (Bild rechts oben)

Am Ende des Hespertals links abbiegen und die zwei Spitzkehren richtig mit Schmackes nehmen, ist dann die nächste illegale Übung. Oben an der *Hubertushöhe* (siehe S. 55) warten die Serientäter auf die Gesetzestreuen und gemeinsam geht es rechts ab Richtung *Langenberg*. Wir passieren die A 44-Auffahrt und biegen an der nächsten Ampelkreuzung rechts ab Richtung *Velbert*. Über den Kreisverkehr geht es noch geradeaus hinüber, aber an der ersten Möglichkeit danach dann links ab Richtung *Neviges*.

Bei 10 Prozent Gefälle billigt man uns Tempo 70 zu und warnt unübersehbar vor wandernden Kröten. Aber offenbar scheint das Straßenverkehrsamt mit den Tieren eine Abmachung getroffen zu haben, denn den Schildern nach hüpfen die Kröten nur zu festgelegten Zeiten über die Piste. Glückwunsch, Velbert! Der Weg runter nach Neviges ist nicht sehr spannend. Hinter einem Bahnübergang geht es dann nicht mehr weiter geradeaus, und wir halten uns rechts. Nach nur wenigen hundert Metern treffen wir die Bahnlinie wieder, diesmal quert sie die Straße in einem ziemlich spitzen Winkel, die Gleise sind recht tückisch, und Tempo 50 kann man so stehen lassen.

An der nächsten Kreuzung setzen wir den Blinker links und nehmen Kurs auf *Wuppertal* und *Velbert-Neviges*. Wir können aber den Rundkurs auch für einige Minuten verlassen und uns zwei besonders

Beeindruckend! Aber wie haben die Velberter den Kröten das nur klar gemacht?

Applaus- kurven

Ein paar ganz bekannte gibt's auch in der Nähe. Zum Beispiel bei Velbert, zwischen Tönisheide und Neviges (s. diese Tour).

An der Kuhlendahler Straße, wo früher das Publikum stand und die jeweiligen Schräglagen begutachtete, herrscht heute gähnende Leere. Mittlerweile ist hier alles verboten: Rumstehen auf den breiten Seitenstreifen ebenso wie richtige Schräglagen, für die man natürlich mehr als die erlaubten 50 und 30 km/h braucht. Trotzdem: Legende - muss man mal gesehen haben. Am Ende der Kurvenstrecke heißt es umdrehen und auf dem selben Weg wieder zurück, denn Tönisheide bietet kein angenehmes Fortkommen mehr. Wieder unten an der Kreuzung angekommen, kann man es noch mal über die Schmalenhofer Straße versuchen. Und heiße: knackige Kurven und no limits bis zum Ortseingang. Auch hier kann man dann beruhigt wenden und zurückfahren, man verpasst nichts.

Nur Tönisheide.

ausgesuchten Kurvenstrecken widmen. Fährt man nämlich an dieser Kreuzung rechts Richtung *Velbert* oder geradeaus Richtung *Düsseldorf* und *Mettmann*, kommt man zu Ecken mit herzhaften, alpinen Radien (siehe auch Kasten links).

Doch zurück zur Tour und zum Kurs Wuppertal und Velbert-Neviges. Ein drittes Mal noch kreuzen wir die Eisenbahnlinie, und dann geht es rein nach Neviges, wo wir das futuristisch anmutende, zerklüftete Dach der Wallfahrtskirche erblicken (s. S. 25). Mit reichlich Vorankündigung wird nach links abbiegend „*Wuppertal-B*" ausgeschildert. Wahrscheinlich ist damit *Wuppertal-Barmen* gemeint, was aber noch in sehr weiter Ferne liegt. Soll uns egal sein, wir fahren dort links und verlassen Neviges längs der bereits sattsam bekannten Eisenbahnlinie. Die Ortsausfahrt zieht sich, ein Gewerbegebiet und eine Dauerbaustelle machen das Unterfangen noch zäher, als es sowieso schon ist, und ein letztes Mal kreuzen wir die Bahnlinie. Seit neuestem jedoch ohne jeglichen Schienenkontakt, denn die Stadt Velbert hat den tückischsten aller Übergänge großzügig unterkellert.

Wenn dann alle Gewerbegebiete und Baustellen ein Ende haben, jauchzt es tief in uns auf – und los geht's wieder! Mit der abknickenden Vorfahrt halten wir uns links und zirkeln dann einige schöne Kurven. Der im Patchwork-Stil wechselnde Fahrbahnbelag beeinflusst Normalfahrer kaum – wer allerdings am Limit schrägt, sollte auf Reibwertsprünge gefasst sein.

Zum Ende der Kurvenstrecke regiert wieder Tempo 50 und es geht links ab nach *Langenberg*. Ringsum feine Natur, eine wieder zügig befahrbare Strecke und in der Ferne grüßen bereits die Sendemasten des WDR – der Kurs ist o.k. Wer dies noch für einige Kilometer genießen möchte, bleibt auf der *Nordrather Straße*. Wem jetzt aber noch einmal eine deutlich langsamere, aber landschaftlich noch schönere Strecke gefällt, der hält in einer langgezogenen Linkskurve Ausschau nach der *Deilbachstraße*, die dort rechts abzweigt.

Diese windet sich vorbei an Gehöften, Weiden und Äckern durch die *Bergische Schweiz*, dass es nur so eine Freude hat. Geschwindigkeitsbegrenzungen und schlechten Straßenbelag nimmt man dann billigend in Kauf. Die Deilbachstraße mündet nach dreieinhalb Kilometern wieder auf die Hauptroute, und rein geht es nach Langenberg.

Sender Langenberg

1927 nahm der erste Sender seinen Betrieb auf. Zuerst gab es Radio, später auch Fernsehen. Bald waren es zwei Sender, die auf dem Hordtberg werkelten, und sie wären es noch heute, wenn nicht der ältere von ihnen bei Reparaturarbeiten kollabiert wäre. Eine gigantische Schüssel, die einige WDR-Programme auf den Satelliten schickt, ergänzt den Betrieb. Bismarckturm und eine schöne Aussicht runden das Ensemble ab.

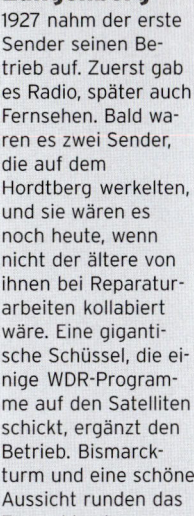

Einfach durchfahren wäre zu profan. Die Pflicht-übung heißt: mal eben rauf zum Sender. An der ersten Ampelkreuzung in Langenberg biegen wir rechts ab Richtung *Hattingen* und *Essen*. Unmittelbar hinter der Kreuzung geht es noch mal rechts, ein Hinweisschild zeigt, wo der Sender liegt. Die Serpentinen zu den Antennenmasten und Schüsseln haben wahrlich bessere Tage gesehen. Zum Beispiel damals, als wir mit unseren Kreidlers hochgebrettert sind. Heute ist der Belag in einem erbarmungswürdigen Zustand. Oben angekommen geht es zum ausgeschilderten Parkplatz und zur Sendeanlage links ab. Hier steht auch der benachbarte Bismarckturm, von dem aus man einen schönen Fernblick genießt.

Selbigen gibt's aber auch, wenn man sich, oben angekommen, rechts hält und zu den frei stehenden Sendemasten weiterfährt. Von hier aus geht es dann auch weiter Richtung Norden und wieder runter ins Tal: Die *Hüserstraße* bringt uns auf sehr angenehme Weise wieder nach Langenberg. Wir biegen rechts auf die *Bonsfelder Straße* ein, zockeln etwas mehr als einen Kilometer durch *Nierenhof* und biegen dann links in die *Nierenhofer Straße* ein, die wieder nach Velbert führt. Etwas mehr als zwei Kilometer bleiben wir auf dieser Straße, die sich in schönen Serpentinen nach oben schraubt.

Wenn wir die Tour im *Merlin* (siehe S. 56) ausklingen lassen wollen, dürfen wir die Einmündung der *Kupferdreher Straße* rechts nicht verpassen. Die Durchfahrt ist hier zwar nur Anliegern gestattet, aber der Besuch der Waldkneipe ist ein lupenreines Anliegen. Nach einer kleine Wohnsiedlung passieren wir eine geöffnete Schranke. Die allerdings wird nur an schneereichen Wintertagen geschlossen. Das kennen wir ja von Alpenpässen – und an die werden wir auch erinnert durch die Serpentinen, die wir nach einer wunderschönen Fahrt über den Bergkamm wieder zurück ins Tal nehmen.

Die nette Nebenstrecke, bei der nur der Straßenzustand stört, bringt uns zu einem kleinen Wäldchen, wo erhöhte Bremsbereitschaft gefragt ist. Schließlich wollen wir ja nicht am Ziel vorbeifahren.

Wallfahrts-dom Neviges 3

Mancher Nicht-Katholik wird das Prinzip der Wallfahrt wahrscheinlich nie begreifen. Seit 1681 zieht es die Pilgerströme kontinuierlich nach Neviges. Hier gäbe es aber auch

andere Gründe, um zum Wallfahrtsdom zu reisen: Interesse an Bauwerken zum Beispiel. Denn Ende der Sechziger wurde hier eine kühne und faszinierende architektonische Vision umgesetzt. Kaum zu glauben, dass der Mariendom von Neviges nach dem Kölner Dom der größte Sakralbau nördlich der Alpen ist.

Bergauf – bergab

Strecke:	auf kleinen Wegen über die Flanken des Ruhrtals
Länge:	ca. 42 km
Sightseeing:	Villa Hügel, Werden, Kettwig
Kombinationen:	Seite 10, Seite 20, Seite 90

Villa Hügel ❶

So ham'se also gewohnt, die ollen Krupps: Wer mehr als nur das Südufer des Baldeney-Sees und Haus Scheppen sieht, wird irgendwann über die Villa Hügel stolpern. Das herrschaftliche Anwesen der Stahl-Dynastie mit seinen 229 Räumen wird seit Ende des Zweiten Weltkriegs nicht mehr bewohnt. Eine Stiftung verwaltet den imposanten Kasten oberhalb des Baldeneysees. Im kleinen Haus kann man täglich bis auf montags in die Geschichte der Krupps und ihres Konzerns eintauchen, das Große Haus wird nur zu besonderen Anlässen geöffnet. Und dann ist Abendgarderobe erwünscht. Mindestens.

Mal angenommen, man wollte von *Haus Scheppen* zum *Roadstop* fahren. Dann hätte man auf direktem Weg via Essen-Werden etwa 11 Kilometer Fahrstrecke vor sich. Und jede Menge Autos und Ampeln. Man kann aber auch etwas mehr als 40 Kilometer fahren, um von A nach B zu kommen. Mit deutlich mehr Genuss – obwohl man, genau genommen, selten schneller als 70 km/h fahren darf.

Von Scheppen kommend, nehmen wir erst mal über die *Hammer Straße* Kurs auf *Werden*. An der Ampelkreuzung in Werden halten wir uns dann links Richtung *Wuppertal, Velbert* und zockeln bergan aus dem Ort heraus, der sich aber verdammt lang zieht. Irgendwann sind dann zwei Krankenhäuser ausgeschildert. Während es links in eine Fachklinik geht, weist ein Hinweis rechts ab zur *Ruhrlandklinik*. Dort biegen wir ein *(Honnschaftenstraße)*, fahren noch ein wenig durch Wohnbebauung, grummeln über Tempo 30 und kommen dann endlich ins freie Feld.

Bei vielen der kleinen, gut einsehbaren Kurven darf man auch schon mal die Sicherheitslinie verlassen ...

Der Dreh am Gasgriff muss leider behutsam ausfallen, brettern kann man auf diesen kleinen Sträßchen wirklich nicht. Wenn es links ab zur Klinik geht, halten wir uns rechts und fahren weiter auf dem *Geilinghausweg*. Felder, Weiden, ab und an ein landwirtschaftlicher Nutzbetrieb, die Straße bekommt langsam ordentliches Gefälle und die Kurven werden enger. Geht doch! Unten im Tal biegen wir links ein auf die *Laupendahler Landstraße* und fahren längs der Ruhr nach *Kettwig*.

Während man mit dem Fahrrad fast von der Quelle bis zur Mündung in Sichtweite der Ruhr fahren kann, sind diese Momente für den motorisierten Verkehr dünn gesät. Genießt also den gelegentlichen Blick nach rechts, in Kettwig ist nämlich schon wieder Schluss mit Ruhr zum Anfassen. Die Route durch Kettwig wäre eigentlich kurz und schmerzlos, aber ist nicht der Weg das eigentliche Ziel? Also fahren wir unmittelbar nach dem Ortseingangsschild von Kettwig links hoch Richtung *Heiligenhaus-Isenbügel*.

Außen kratzen wir an Kettwig lang, die Straße führt aber durchs Grüne, hat eine nette Steigung und geizt wahrlich nicht mit Kurven, von denen sogar die ein oder andere mit Doppel-Leitplanken bewehrt ist. Bei dem erlaubten Tempo allerdings dürfte es wohl niemanden aus der Kurve raustragen. Oben auf dem

Werden 2

Wenn man einen Werdener als Essener bezeichnet, wird der Werdener energisch widersprechen. Zu Recht, denn Werden gab es schon, als noch niemand an Essen dachte. Seit mehr als 1.200 Jahren kennt man die Siedlung an der Ruhr, die 1929 ihre Selbständigkeit verlor und nach Essen einge-

meindet wurde. Stift, Propsteikirche (Foto) und weitere altehrwürdige Gotteshäuser erzählen die Geschichte des Ortes und seiner (zumeist) frommen Bewohner.

Mintarder Brücke

Mehr als 1.800 Meter spannt sich die Mintarder Brücke über das Ruhrtal. Während 60 Meter über Grund die Blechlawinen auf ihr rollen, scheint das friedliche Viehzeug unter ihr das Bauwerk gar nicht zur Kenntnis zu nehmen.

Berg, wenn Kettwig zu Ende ist, und Heiligenhaus-Isenbügel gerade anfangen will, geht es rechts ab Richtung *Ratingen*. Diesem Kurs vertrauen wir uns vorübergehend an und bald hat's ein Ende mit der Ortschaft. Freundliches Grün nimmt uns wieder in Empfang und das Asphaltband schenkt uns ein paar schöne Kurven. Wenn es nicht mehr weiter geradeaus geht, biegen wir rechts ab, wieder zurück Richtung Kettwig.

„What goes up, must come down" – und fein schlängelt sich die Straße wieder runter ins Tal. Unter einem alten Viadukt durch, wieder am Ortsrand lang, bis es am *Alten Zollhaus* links ab nach *Mülheim-Saarn* geht. Längs des Weges liegt *Schloss Hugenpoet* zur rechten Hand und links ein Gasthof mit dem schönen Namen *„Am Esel"*. Dort knickt die Vorfahrt links ab und hoch führt die Straße nach *Ratingen*. Da wollen wir zwar überhaupt nicht hin, aber wir können es mal den vielen Mülheimer Brüdern und Schwestern nachtun, die nach Feierabend mal gerne „den Esel hochfahren".

Zwei perfekt in den Asphalt gemeißelte alpine Spitzkehren sorgen für ein anerkennendes „Aaaaahh!" unter dem Helm, während sich die Strecke in ihrem oberen Verlauf ins Uninteressante verliert. Spätestens dort, wo die Flugsicherungsanlage unübersehbar in den Himmel ragt, sollten wir wieder umdre-

Dass man im Ruhrgebiet unterwegs ist, merkt man eigentlich nur daran, dass ganz in der Ferne Industrieanlagen zu sehen sind. Wie lange wohl noch?

Bei Werden und Kettwig ist uns die Ruhr ganz nahe. Und erfreut hier mit manch idyllischer Ansicht.

hen und die herrlichen Kurven noch mal durchzirkeln. Wenn man aus dieser Richtung kommt, leider mit Tempolimit. Wieder am Esel angekommen, biegen wir links ab und halten Kurs auf *Saarn*.

Auf dem Weg nach *Mintard* darf man sogar mal kurz ungestraft Gas geben. Aber wirklich nur kurz, denn in Mintard heißt es scharf rechts und wieder etwas näher an die Ruhr ran. Das Tal hat hier schon eine respektable Breite, und die Autobahn quer drüber muss sich schon ganz schön lang machen. Das Ergebnis heißt *Mintarder Brücke* und ist schon einen kurzen Moment des Innehaltens wert.

Unspektakulär führt die Straße nach *Mülheim-Saarn*, und bereits am Ortseingang halten wir uns rechts und biegen dann auch rechts ab, immer Richtung Essen. Über einen eher bescheidenen Brückenbau queren wir die Ruhr, und dann geht es rechts ab Richtung *Kettwig*. Der Weg dorthin ist unaufgeregt, und wir haben Zeit, noch mal einen Blick auf die Berge hinter dem gegenüber liegenden Ruhrufer zu werfen. Dort sind wir schließlich die letzte halbe Stunde immer rauf und runter gefahren.

Wenn uns hinterm Ortseingang Kettwig eine Kreuzung mehrere Wahlmöglichkeiten lässt, entscheiden wir uns für links und die Richtung *Essen, Haarzopf* und A 52. Jetzt sind wir auf der *Meisenburgstraße* und in etwa zwei Kilometern wäre unser Ziel, das *Road-*

Kettwig ⬩

Wenn man sich Kettwig anschauen möchte, dann bitteschön die Altstadt. Malerisch über der Ruhr gelegen ist der historische Ortskern weitgehend im Originalzustand erhalten geblieben. Zahlreiche alte Fachwerkhäuser aus dem 17. bis 19. Jahrhundert, kleine verwinkelte Gassen, dazwischen Cafés und Restaurants – das ist charmant und sehenswert. Sehr zum Leidwesen der Kettwiger ist das Städtchen 1975 zu Essen eingemeindet worden.

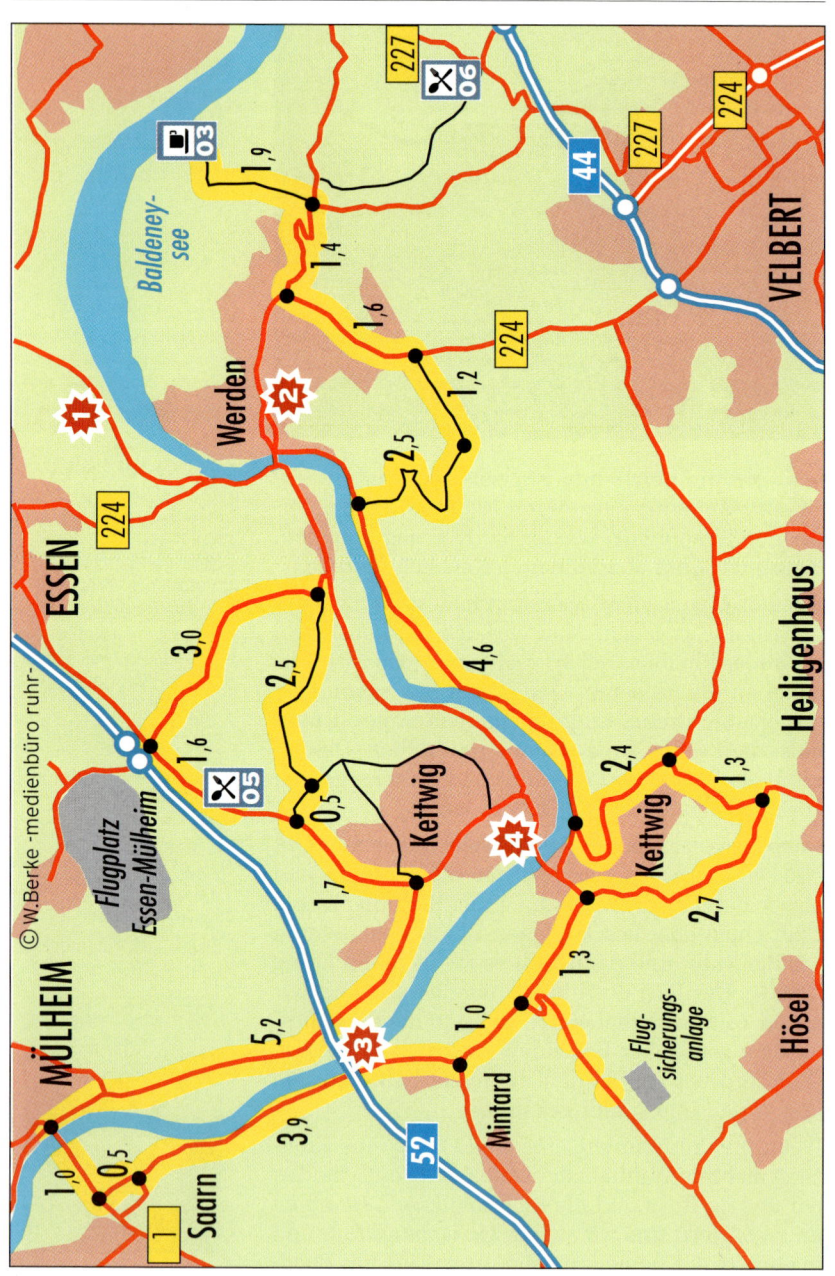

stop, eigentlich erreicht. Wenn da nicht noch dieser nette kleine Umweg wäre. Also wachsam fahren und rechts nach einer legalen Abbiegemöglichkeit Ausschau halten. Ein kleines Schild weist uns den Weg zu einer *Straußenfarm*. Und die wollen wir sehen!!

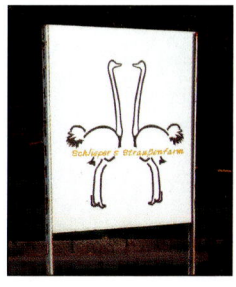

Wir biegen also rechts in die Straße *An der Pierburg* ein und nach einem kurzen Stück Wegs nehmen wir links ab die Straße *Im Riek*. Während es um uns herum noch einmal ziemlich ländlich und hügelig wird, folgen wir dem einzig möglichen Weg durch diese Pampa und stehen dann tatsächlich und staunend vor einer Straußenfarm, bei der man die schmackhaften Tierprodukte auch gleich kaufen kann, wenn man genügend Stauraum am Mopped hat.

Die winzige Straße schlängelt sich dann wieder talwärts und trifft im spitzen Winkel auf die Zivilisation, sprich: den *Schuirweg*, der links hoch nach *Mülheim* und *Haarzopf* führt. Also wieder hoch, noch ein paar Mal schön ums Eck gefahren – und wieder treffen wir auf die Meisenburgstraße. Jetzt müssen wir links ab, und nach gut eineinhalb Kilometern liegt links das Roadstop.

Harley's Parking Only!? Egal!

Arizona?
Nee ... Baldeneysee!

Industrie-Kult-Tour

Strecke:	Sightseeingtour am Rande der Städte
Länge:	ca. 55 km
Sightseeing:	Zeche Zollern, Kokerei Hansa, Schiffshebewerk
Kombination:	Seite 38

Zeche Zollern

Glasmalereien, Marmorschaltwände, Messinguhr: Wo das Weltkulturerbe Zollverein in Essen mit schnörkelloser Industriearchitektur im Bauhausstil glänzt, schimmert das Schmuckstück Zollern mit klassizistischen Zitaten und Jugendstildetails. Eine putzige Zeche. Aber ob das den

Kumpels ihren Knochenjob unter Tage versüßt hat? Eher den Baronen die Dividenden. Nichtsdestotrotz ist die denkmalgeschützte Zeche unbedingt sehenswert. Und innen gibt es auch noch die zentrale Abteilung des Westfälischen Industriemuseums. (Di. bis So. 10 - 18 Uhr).

Diese Tour bietet ausgesprochen wenig fahrerische Herausforderungen. Dafür aber einige Möglichkeiten, in die jüngere und ältere Vergangenheit des Ruhrgebiets abzutauchen. Starten wir also im Jahr 1902. Als eine der letzten großen Schachtanlagen nahm die *Zeche Zollern II/IV* in *Dortmund-Bövinghausen* ihren Betrieb auf. Bereits 1966 wurde der Pütt gedeckelt und steht seitdem denkmalgeschützt in der Landschaft herum. Zu Recht, denn Zollern ist ein wahres Schmuckstück. Die im Stile des Historismus erbaute Anlage mit etlichen Jugendstil-Elementen verzückt die Besucher und verleitet zu der irrigen Annahme, dass die Maloche in solch feinem Ambiente doch irgendwie Spaß gemacht haben muss.

Reißen wir uns los von der schmucken Zeche und starten zur kleinen Tour, zunächst gen Osten, also zweimal rechts abbiegen und über die *Bockenfelder Straße* durch die kleinen Dortmunder Vororte *Westrich*, *Kirchlinde* und *Rahm*. Die Durchfahrten sind unspektakulär und halbwegs erträglich. Nach dem Bahnübergang am Ortseingang von *Wischlingen* geht es links ab Richtung *Schloss Westhusen*.

Während wir längs des *Rahmer Waldes* mit Tempo 30 zockeln und auf Rechts-vor-Links achten, haben wir Muße, die nicht sehr ansehnliche Zechensiedlung zur Rechten zu betrachten: Malocherhäuser, Schrebergärten, Taubenschläge. So sah es bereits in den Sechzigern hier aus. Fahrt mal mit Eurem Besuch von Außerhalb hier durch: Da werden Klischees so richtig bedient!

Wenn es nicht mehr legal weiter geradeaus geht, folgen wir der Straße rechts ab und fahren auf die mächtigen Anlagen der *Kokerei Hansa* zu. Auf dem Weg dahin passieren wir einen Bahnübergang, der zu den wenigen gehört, die ihre Schranken schließen, wenn eine U-Bahn (!) kreuzt. Am Ende der Straße erreichen wir die Kokerei, die zu den mächtigsten Anlagen des Ruhrgebiets zählt. Wer sich Zeit für eine Besichtigung nimmt, muss sich allerdings einer Führung anschließen (siehe auch Kasten rechts).

Wer weiterfährt, biegt an der Kokerei links ab und fährt auf einer vierspurig ausgebauten Straße gen *Waltrop*. Die Gegend ist unspektakulär und die *Mengeder Straße* bringt uns ohne nennenswerte Highlights weiter nach Norden raus. Irgendwann wird sie zweispurig, und bevor wir Waltrop erreichen, heißt es links ab Richtung *Castrop-Rauxel*. Die Landschaft wird angenehmer, die Straße aber nicht. Immer noch gilt Innenstadt-Tempo – und für viel mehr taugt der Belag auch nicht.

Kokerei Hansa

Die vielen Kokereien, die es einst im Ruhrgebiet gab, sind für ihre hochgiftigen Hinterlassenschaften und verseuchten Böden berüchtigt. Am liebsten abreißen, dekontaminieren, weg damit. Nicht so die Kokerei Hansa, von deren Anlagen seit ihrer Stilllegung die meisten stehen geblieben sind. Stück für Stück holt sich die Natur ihr Terrain inmitten der still vor sich hin rostenden Großindustrie zurück. Die gewaltigen Anlagen, die kilometerlangen Rohrleitungen und Wege wirken wie eine Stadt aus einer anderen Welt, in der das Leben erloschen ist. Die Kokerei ist heute ein Industriedenkmal, aber: Einfach so drin rumlaufen darf man nicht. Führungen gibt's nur donnerstags (14 Uhr) und am Wochenende (14 und 16 Uhr).

Bei einer links abknickenden Vorfahrt am Restaurant „*Sonnenhof*" halten wir uns rechts. Die Gegend wird noch besser und die Straße auch. Nachdem es ein drittes Mal über den Kanal geht, biegen wir links ab Richtung *Recklinghausen*. Die ersten Hinweisschilder bereiten uns auf das nächste Highlight vor, das *Schiffshebewerk Henrichenburg*. Das Werk ist nichts anderes als ein gigantischer Lift für Kanalschiffe, die natürlich nicht aus dem Wasser gehoben werden, sondern in einem riesigen Wassertrog 14 Höhenmeter gutmachen müssen. Neben dem über 100 Jahre alten Meilenstein der Ingenieurkunst arbeitet seit 1962 das neue Hebewerk. Nicht etwa, weil der Oldie nicht mehr funktionieren würde – er war irgendwann einfach zu klein geworden für die immer länger werdenden Schiffe.

Vorbei am Schiffshebewerk geht es dann geradeaus über die B 235 immer in Richtung *Oer-Erkenschwick*. Sind die letzten Häuser im Rückspiegel verschwunden, wird die Gegend wieder angenehm, austoben darf man sich aber auch hier nicht, mehr als 50 km/h wird dem motorisierten Verkehr nicht zugestanden. Hinter einer kleinen Eisenbahnbrücke geht es dann links ab in die *Feldstraße* Richtung *Suderwich*. Die Piste wird schmaler –und man darf schneller fahren. 70 km/h, immerhin.

Viel Abwechslung gibt es auf dem schnurgeraden Streckenstück nicht, einzig der große Kirchturm, auf den wir unbeirrt zufahren, ist bemerkenswert. Vor der Ortseinfahrt von Suderwich dürfen wir sogar noch mal Gas geben. In Suderwich geht es rechts ab auf die *Esseler Straße*, die uns durch *Essel* führt und bis vor die Tore von Oer-Erkenschwick trägt. Hier wollen wir aber nicht rein, und so halten wir uns an der Kreuzung vor dem Ortseingang links nach Recklinghausen und biegen sofort wieder rechts ab nach *Gelsenkirchen-Buer*.

Mit 70 km/h haben wir genug Muße, die wunderschöne Allee mitten durch ausgedehnte Schafweiden zu genießen – bis zur nächsten Kreuzung, wo es rechts ab nach *Oer* geht. Vor der Ortseinfahrt Oer zweigt links eine kleine Straße ab, nur ein *Bio-Bauernhof* ist ausgeschildert. Wir folgen dieser kleinen Straße auf dem einzig erlaubten Weg, und ein paar Hundert Meter hinter dem Bio-Bauernhof biegen wir rechts ab in die Straße *Im Hampffeld*. Wir genießen das nette kleine Sträßchen, bis wir eine Wohnsiedlung erreichen.

Hier geht es links ab, durch einen kleinen Tunnel hindurch und sofort wieder rechts. Die nächste Wohnsiedlung lässt nicht lange auf sich warten. Hier wachen erbarmungslose Schwellen über Tempo 30 – aber auch das geht vorüber. Wir stoßen auf die

Schiffs-hebewerk Henrichenburg 🔆 **3**

Schiffe können nicht den Berg rauf. Normalerweise. Aber mit Hilfe von Schleusen klappt das schon mal ein paar Meter. Am Übergang vom Dortmund-Ems-Kanal zum Rhein-Herne-Kanal reichten die aber auch nicht mehr. Ein Lift musste ran. Also schritt man 1899 zur Tat, und der Kaiser

persönlich weihte den 14-Meter-Aufzug ein. Eine grandiose Ingenieurleistung vergangener Tage, die man heute noch bestaunen kann. Zwar wurde der Klassiker 1970 stillgelegt, sein moderner Bruder nebenan werkelt aber nach dem gleichen Prinzip.

Halterner Straße, biegen links ein und fahren sofort wieder links auf die Rampe zur *Autobahnauffahrt*. Natürlich nicht, um auf die Bahn zu fahren, sondern um ein kurzes Stück weiter die nächste Ausfahrt rechts ab nach *Marl-Hüls* zu nehmen. Am Ortseingang von Hüls biegen wir an der Kreuzung rechts ab in die *Hülsstraße*. Bald haben wir wieder freies Feld vor uns, fahren unter dem startenden Fluggerät des *Flugplatzes Loemühle* hindurch und erreichen die B 225, in die wir rechts einbiegen.

Nach 1.800 Metern zweigt links die kleine Straße *Ried* ab, ausgeschildert ist lediglich eine Forellenzucht. An der fahren wir dann vorbei und stellen fest, dass man die leckeren Wasserbewohner wohl selbst rausholen muss, denn um kleine Teiche haben sich Dutzende von Anglern platziert. Wen es weniger nach Fisch gelüstet, kann sich wenig später auf einem Bauernhof an selbstgebackenen Backwaren laben. Der kleine, holprige Weg heißt bald *Backumer Straße* und endet mit einem Stoppschild. Hier geht es zunächst links ab, nach wenigen Metern aber schon wieder rechts Richtung *Polsum*.

> Wenn man den Blick fürs Links und Rechts der Straße behält, macht der Vestische Kreis auf dem Motorrad doppelt Spaß.

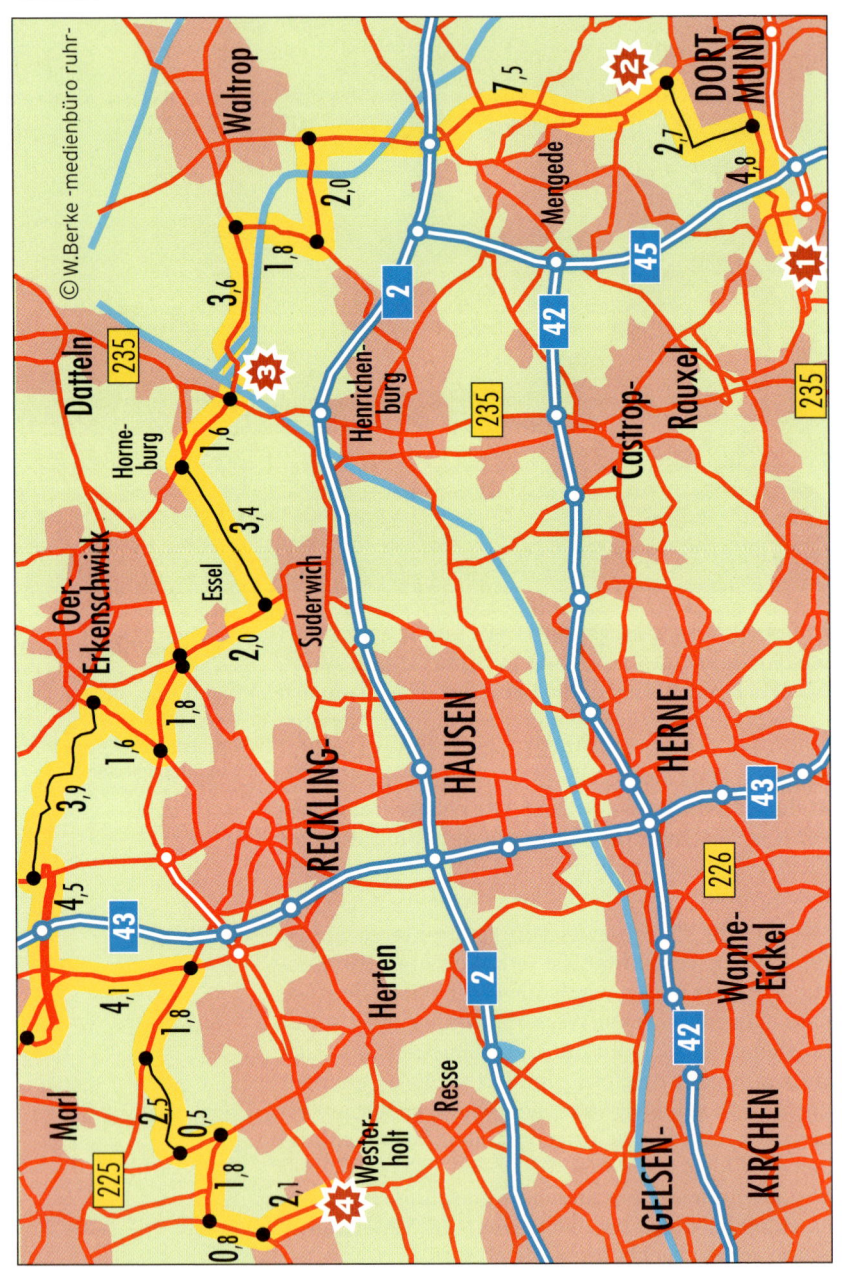

Durch diese grüne Gasse wird sie fahren...
Auch für Milwaukee-Eisen bietet der nahe Norden ein stimmungsvolles Ambiente.

Wir durchqueren *Transvaal*, einen Hertener Ortsteil, der den Namen einer südafrikanischen Provinz trägt, und biegen an der Vorfahrtstraße dann links ab Richtung *Herne-Wanne*. (Diesen Ort gibt es natürlich nicht, es muss nämlich „*Wanne-Eickel*" heißen – das aber liegt noch erstaunliche 17 Kilometer entfernt. Na ja, wenn's der Orientierung dient?!) An der nächsten Ampelkreuzung (die mit dem Gartenmarkt) geht es wieder links, immer noch Richtung Herne-Wanne.

Wir erreichen *Westerholt* – und wenn man ins alte Dorf will, muss man das neue Dorf in Kauf nehmen. Also durch den Ort fahren, bis ein Schild auf das Schloss und das *Alte Dorf* hinweist. Zwischen den pittoresken Fachwerkhäusern lässt sich trefflich rasten und darüber sinnieren, ob man von hier aus nach Hause fährt – oder die Tour am Nordrand des Ruhrgebiets bis *Bottrop* fortsetzt. Falls Letzteres: einfach umblättern!

Altes Dorf Westerholt
Schönes Fachwerk, und das gleich dutzendfach, kann man in Westerholt bestaunen (mehr Infos auf der nächsten Seite).

Kleine Wege – wenig Gas

Strecke:	gemütliche Tour am Nordrand des Ruhrgebiets
Länge:	ca. 30 km
Sightseeing:	Altes Dorf Westerholt, Warner Bros. Movie World
Kombination:	Seite 32

Das alte Dorf *Westerholt* sollte man gesehen haben. Oder besser noch: mal durchgeschlendert sein. Nach der kleine Zeitreise bietet sich eine moderne Tour zur Grafenmühle in Bottrop an. Also aufsitzen! Vom Fachwerkidyll geht es zunächst raus nach Norden Richtung *Marl*. An der Kreuzung mit dem Blumenmarkt rechts abbiegen und weiter Kurs auf Marl halten. Schwer zu erkennen ist dann eine Abzweigung links, die außer dem Straßennamen *Kötterweg* keine Beschilderung hat. Aber da geht's lang.

Durch angenehme Landschaft müssen wir dann leider stark tempobegrenzt rollen, bis wir auf die Hauptverkehrsstraße nach *Polsum* stoßen. Da wollen wir hin, und in Polsum biegen wir rechts ab. Allerdings nicht die erste Möglichkeit Richtung Marl, sondern erst an der zweiten, wo es nach *Hervest* und zur Autobahn A 52 geht. 2,6 Kilometer sind schnell vorbei und schon heißt es, Kurs auf *Dorsten* zu nehmen. Deshalb biegen wir links in die *Altendorfer Straße* ein.

Altes Dorf Westerholt ①

Ende des 18. Jahrhunderts wurden hier auf dem Dorfplatz noch öffentlich Hexen verbrannt – aber mittlerweile hat sich der Westerholter diese mörderische Unart abgewöhnt. Heute geht es in der alten Freiheit äußerst friedlich zu. 58 schöne bis wunderschöne alte Fachwerkhäuser erzählen viele Geschichten von damals, als die Bürger der Freiheit Westerholt Privilegien genossen (eigenes Gericht, eigene Münzen), von denen andere Leute nur träumten. Die Freiheit gab Westerholt aber 1975 auf und ließ sich zum Stadtteil von Herten eingemeinden.

In der nördlichen Peripherie des Ruhrgebiets ist es nicht ganz einfach, unbeschwert zu reisen. Viele schöne Nebenstrecken, die man z.B. mit dem Fahrrad genießen kann, sind für den motorisierten Durchgangsverkehr gesperrt.
Und wenn man sich auf den freigegebenen Strecken brav an das allgegenwärtige Tempolimit hält, kann es passieren, dass man von durchtrainierten Radlern überholt wird ... Schande!

Wenn wir nach etwa zwei Kilometern die Bushaltestelle „*Polsumer Weg*" sehen, gehen wir in die Eisen und biegen rechts in eben diesen ein. Auf kleinen Schleichwegen geht es nun weiter Richtung *Dorsten*. Am Ende des Polsumer Weges biegen wir links ab auf die B 224, allerdings nur für einen Kilometer, denn dann wartet rechts die Straße *Erlenkamp* auf Zweiradverkehr. Wir halten uns halbrechts und am Ende der Straße ganz rechts. Nur wenig später zweigt links die *Ostlandstraße* ab – und auf der geht es dann längs bis in die Außenbezirke von Dorsten.

Falls irgendein heimischer Regisseur mal eine Original-DDR-Außenkulisse braucht – hier wird er fündig. Die Bauten linker Hand könnten eine heruntergekommene NVA-Siedlung sein, inklusive *Konsum* und *HO-Gaststätte*. Der Spuk ist schnell vorbei und nach der Siedlung ist wieder BRD. Allerdings nicht unlimited: Auch hier gilt, wie fast auf der gesamten Strecke über die Nebenstraßen, Tempo 50.

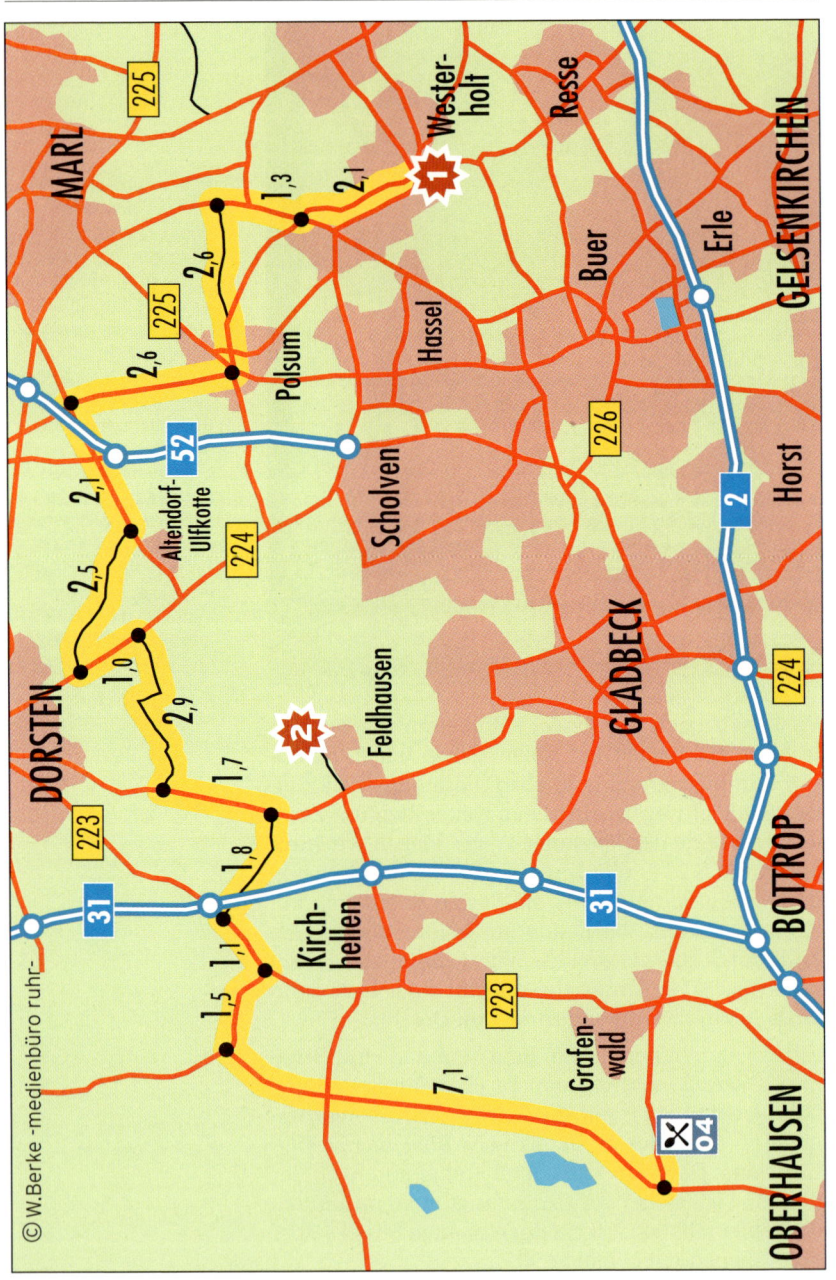

Am Ende des Weges geht es links in die *Dorstener Straße*. Jetzt darf man Tempo 70 fahren, immerhin. An der nächsten Ampelkreuzung verrät kein Schild, wohin es lang gehen könnte. Einfach rechts abbiegen und auf Straßen mit so schönen Namen wie *Adelsbredde* und *Mühlenpatt* bis zur *Münsterstraße* fahren. Hier biegen wir links ab und nehmen Kurs auf *Kirchhellen*. Bis es rechts abgeht Richtung *Schermbeck* und *Gahlen*. Nichts wie rein und die schöne Strecke durch das kleine Wäldchen genießen. Allerdings maximal im Dritten, denn auch hier regiert Tempo 50.

Movie World

In den Sechzigern gab es in Kirchhellen mal einen Märchenpark. Der wandelte sich in den Siebzigern zum Traumlandpark – und als auch den keiner mehr sehen wollte, zog 1992 die Bavaria auf das Gelände. Nach dem erfolgreichen Münchener Vorbild ihres Studioparks wollte die Filmfirma gleiches im Ruhrgebiet betreiben. Nach nur zwei Jahren musste die Bavaria einsehen, dass irgendwas nicht funktionierte.

Dann nahmen Amis die Unterhaltung in die Hand. Warner Bros. packten ein paar ihrer beliebtesten Filmfiguren rein, ließen es bei den Shows so richtig krachen und wirbelten die Besucher auf wilden Fahrgeschäften durcheinander. Seitdem läuft der Laden. Nebenan liegt Schloss Beck. Auch hier gibt es einen Freizeitpark, der schon seit Ewigkeiten werkelt. Wem die Movie World zu hektisch und zu teuer ist, der sollte hier mal reinschauen.

Hinter einer Rechtskurve geht es links ab Richtung *Oberhausen*, unsere Koordinaten für die nächsten und gleichzeitig letzten Kilometer. Kaum zu glauben, aber wir dürfen für ein paar Meter ganz legal dreistellig fahren. Und gehen dann rechtzeitig vor dem Naherholungsgebiet *Kirchheller Heide* wieder folgsam in die Eisen, denn hier wird oft mit Radarpistolen auf nichts Böses ahnende Biker geschossen. Eine Schlussoffensive gibt es auch nicht mehr, denn mit 70 erreichen wir die *Grafenmühle* (siehe S. 53), zu der wir links einbiegen und irgendwo in dem großen Motorradpulk ein kleines Plätzchen für unser Mopped suchen.

Ab in den Süden

Strecke:	von Hattingen nach Breckerfeld
Länge:	ca. 47 km
Sightseeing:	Henrichshütte Hattingen, Burg Blankenstein
Kombination:	Seite 98

Mal angenommen, wir wollten von *Hattingen* nach *Breckerfeld* fahren. Wir können die kürzeste Verbindung nehmen und uns auf die 32 Kilometer lange Strecke machen. Aber wer will das schon? Richten wir uns auf 47 Kilometer ein und wählen die Route so, dass uns möglichst wenige Ortsdurchfahrten ärgern, viel Grün und schöne Strecken aber erfreuen.

Startet man in Hattingen nahe der Ruhrbrücke (z.B. am *Woodpecker's*), biegt man in die kleine Zufahrt zum Gewerbegebiet ein, auf das Gelände der einst mächtigen *Henrichshütte*. Zunächst fahren wir durch ein Gewerbe-Neubaugebiet, wie es im Ruhrgebiet zu Dutzenden vorkommt. Dann aber wird's spannend: Die Reste der alten Eisenhütte und des Stahlwerks, durch das man fast mitten hindurch fährt, sind immer noch Ehrfurcht gebietend. Obwohl es sich dabei nur um einen Bruchteil des einst Hattingen dominierenden Eisen- und Stahlgiganten handelt.

Nach dem Durchfahren des stillgelegten Werkes (Kreisverkehr rechts) schließt sich wieder ein Ge-

Henrichs- hütte

Die 1854 gegründete Henrichshütte erzählt die Geschichte von Aufstieg, Blüte und Niedergang der Eisen- und Stahlindustrie an der Ruhr. Hier wurden einst Erz und Kohle gefördert, Koks, Eisen und Stahl produziert, gegossen, gewalzt und geschmiedet – auf einem Gelände, groß wie eine Kleinstadt. Über 10.000 Menschen fanden auf der Hütte Arbeit. Gegen den erbitterten Widerstand einer ganzen Region erloschen 1987 die Hochöfen. Heute fährt oder spaziert man zwischen den Anlangen hindurch, die der Abrissbirne noch nicht zum Opfer fielen. Man kann aber auch als offizieller Besucher des Westfälischen Industriemuseums *(Forts. rechte Seite)*

werbegebiet an, an dessen Ende wir (links schwenk) rechts abbiegen. Dann geradeaus über die Kreuzung, hoch auf die Rampe und Kurs *Blankenstein*. In Blankenstein geht es dann rechts ab und die steile *Sprockhöveler Straße* hoch. Wenn sich die Besiedlung lichtet, darf der Gashahn vorsichtig aufgedreht werden, und es geht raus ins Grüne. An der nächsten größeren Kreuzung biegen wir scharf links in die *Buchholzer Straße*, die uns nach knapp zwei Kilometern ins *Hammertal* bringt. Hier geht es rechts ab, und bevor man unter der Autobahnbrücke durch ist, zweigt der *Deitermannskamp* links ab. Das kleine Sträßchen windet sich aus dem Tal und endet an der *Kampenstraße*, auf die wir rechts einbiegen.

Hier geht es so weit stur geradeaus, bis die Straße, die inzwischen *Hiddinghauser Straße* heißt, im spitzen Winkel auf die B 235 trifft. Die letzten Kilometer waren bereits eine angenehme Fahrt entlang von Äckern, Wiesen und Weiden – und auch auf den

noch tiefer in die spannende Anlage tauchen. Auf dem „Weg des Eisens", über und durch Erz- und Koksbunker führt der Rundgang hinauf auf den ältesten Hochofen im Ruhrgebiet. Danach geht es ab in die Gießhalle. Unterwegs kann man den Geschichten der Henrichshütte lauschen – erzählt von ehemaligen Mitarbeitern, welche die Besucher auf den geführten Rundgängen begleiten. (Di. bis So. 10 - 18 Uhr, Fr. bis 21.30 Uhr)

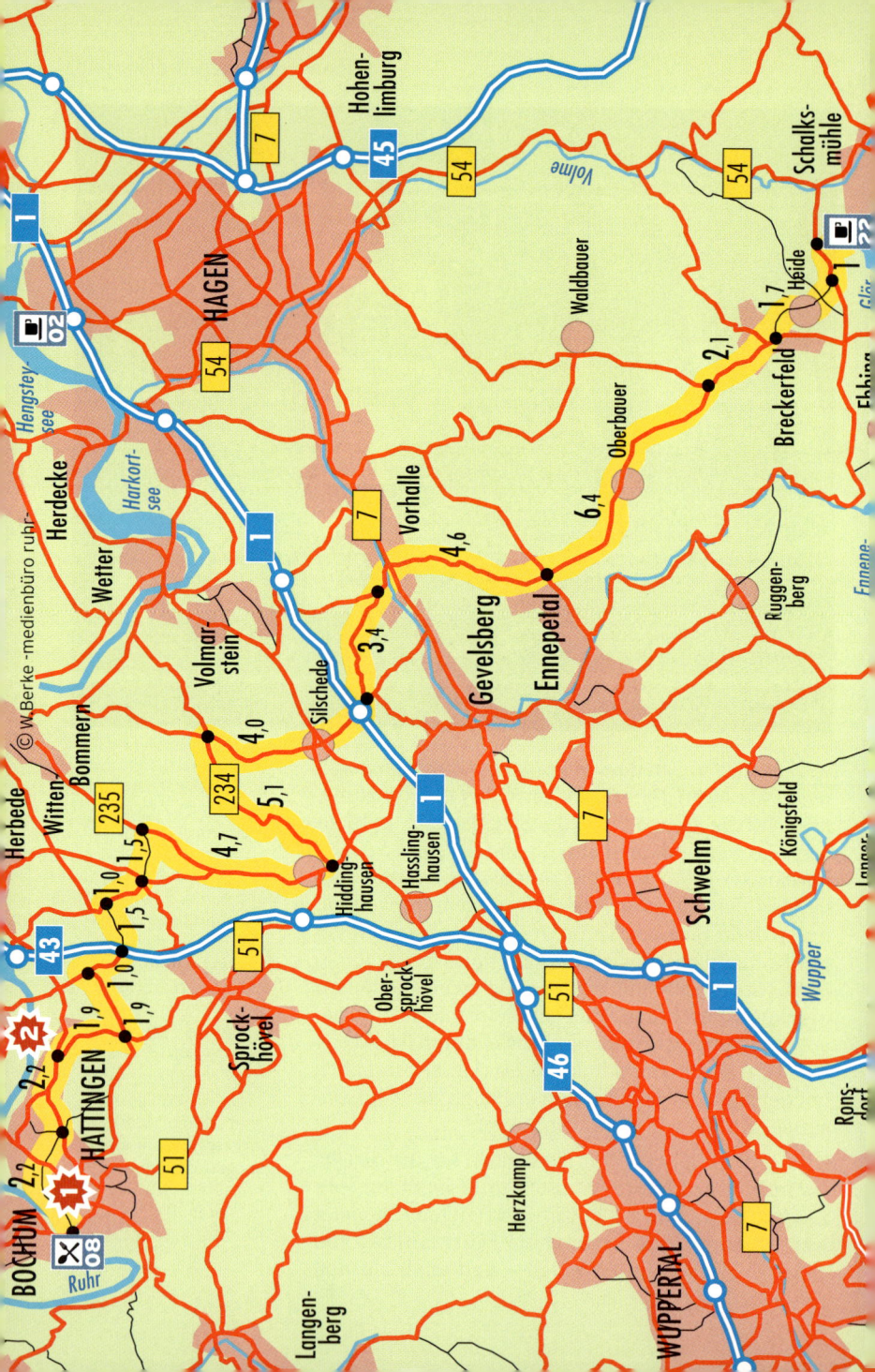

kommenden Kilometern ändert sich das Bild wenig. Auf die B 235 fahren wir scharf rechts und erreichen in *Hiddinghausen* die B 51. Links ab und ein paar Meter B 51, und dann geht's wieder links ab in die *Albringhauser Straße* Richtung *Wengern* und *Volmarstein*.

Allerdings nur so lange, bis es rechts nach *Silschede* ausgeschildert ist. Da wollen wir hin, also Blinker setzen. Die Ortsdurchfahrt Silschede ist kurz und schmerzlos, und wenn wir hinter der Autobahnauffahrt links abbiegen, geht es wieder in die Prärie. Die dann auf dem Weg nach Süden folgende Ortsdurchfahrt von *Hagen-Vorhalle* ist erträglicher als die durch Gevelsberg, also Augen zu (quatsch!) und durch, einmal rechts abbiegen, über die B 7 hinweg und unbeirrt geradeaus Richtung *Ennepetal*. In Ennepetal, das wir im Ortsteil *Voerde* streifen, halten wir weiter Kurs auf Breckerfeld, einen kleinen Rechts-links-Schlenker inbegriffen.

Burg Blankenstein 2

Viel zu besichtigen gibt es an und in der Burgruine nicht (siehe auch Seite 13). Aber der Blick vom Turm ins Ruhrtal ist wirklich der beste!

Rast bei Breckerfeld: Kleine Gasthöfe und Kneipen liegen oft versteckt abseits der Hauptrouten.

Wir werden schnell belohnt, es wird grün links und rechts der Straße, und das Motorrad bekommt wieder seinen tieferen Sinn. Durch *Oberbauer* und wenn es nicht mehr weiter geradeaus geht, rechts ab nach *Breckerfeld*. Im Ort zweigt links eine Straße ab nach *Heide*, und die sollten wir nehmen. Schnell liegen die Häuser von Breckerfeld hinter uns, und nach Heide und *Ehringhausen* biegen wir links ab Richtung *Schalksmühle*. Zur *Glörtalsperre* sind es dann keine zwei Kilometer mehr.

Treffs in Top-Lage:
Haus Scheppen
Glörtalsperre
Zur Zornigen Ameise
Landhaus Fuchs
Unnenberg-Turm

Treffs in Top-Laune:
Biker's Farm
Café Hubraum

Die Komfortabelsten:
Biker's Farm
Route 67
Café Hubraum

Imbiss, wie er sein soll:
Haus Scheppen
Biker Treff Vogel
Biker-Treff Nordkirchen
Zur Zornigen Ameise
Bigge-Grill

Lecker bis sehr lecker:
Suntums Hof
Road Stop
Biker's Farm
Route 67
Landhaus Fuchs
Geronimo

Hier stehen die Bikes:
Parkplatz Kaiserberg
Parkplatz Hohensyburg
Haus Scheppen
Grafenmühle
Drügen-Pütt
Biker's Farm
Biker-Treff Nordkirchen
Café Hubraum

Hier läuft die Show:
Parkplatz Kaiserberg
Haus Scheppen
Drügen-Pütt
Route 67
Café Hubraum

Pause
muss sein!
Die besten Treffs
im Ruhrgebiet und drum herum

Karl am Kanal

Motorrad-Museum Rebuschat? Aber na klar: „Karl am Kanal" – unter diesem Namen kennt man den motorradverrückten Rentner aus Gelsenkirchen-Horst. Zwischen Kanal und Emscher betreibt der ehemalige Bergmann sein privates Motorradmuseum. Das spannende Chaos lockt sogar Veteranen-Fans aus dem Ausland nach Gelsenkirchen. Schließlich hat Karl Rebuschat wirklich Ahnung. Und jeden zweiten Sonntag im Monat gibt's bei Karl einen großen Teilemarkt. Ansonsten sind die Öffnungszeiten etwas nebulös. Aber sonntags ist man immer willkommen (Wallstraße 52, Tel: 0209 - 5 60 14).

Motorräder Dortmund

An jedem ersten Mittwoch im März setzen sich ganze Pilgerströme nach Dortmund in Bewegung. Fünf Tage lang sind die Westfalenhallen der Nabel der Motorradwelt (zumindest aus unserer Sicht). Nach dem Zerbröseln der *IFMA* in Köln hat sich die Messe *Motorräder* zum größten alljährlichen Motorradevent Deutschlands gemausert. 50.000 Quadratmeter Fläche in dem gesamten Messehallen-Ensemble, mehr als 400 Aussteller und ein Besucherschnitt zwischen 120.000 und 130.000 sind wahrlich ein Pfund.

Gut, die *INTERMOT* in München kann jeweils noch ein wenig drauflegen – aber sie findet nur alle zwei Jahre statt. Außerdem sprechen zwei weitere Argumente für den unbedingten Besuch der Dortmunder Messe, die es bereits seit 1985 gibt: Sie weckt nicht im Herbst Sehnsüchte vor dem Winterschlaf, sondern eröffnet stets die neue Motorrad-Saison. Und weil wir uns nicht nur die allerneusten Maschinen angucken wollen, kann man in Dortmund auch manchen guten Deal machen, ganz egal ob es sich dabei um Gebrauchtteile für einen Oldie oder Schnäppchen aus dem Bereich Zubehör und Bekleidung handelt.

Nur der Slogan ist bescheuert: „*Man sieht sich*". In Frankfurt käme niemand auf die Idee, eine Messe unter das Motto „*Ei, Gude wie*" zu stellen ...

Damit punkten die Treffs:

Lage und Umgebung

Liegt der Treff in einer landschaftlichen reizvollen Umgebung oder mitten im Industriegebiet? Sind schöne Strecken in der Nähe? Kann man einen Spaziergang unternehmen?

Atmosphäre

Wie sieht's am Treff aus? Liegt er im Grünen oder direkt an der Straße? Ist die Zufahrt in Ordnung, gibt's Schatten? Herrscht gähnende Leere, drangvolle Enge oder passen Treff-Größe und Anzahl der Besucher gut zueinander?

Ausstattung

Haben die Motorräder ein eigenes Areal? Ist der Parkplatz befestigt, gibt's ausreichende und saubere Toiletten? Sind genügend Sitzmöglichkeiten vorhanden? Wie sieht es mit Infos (Schwarze Bretter) aus? Abfallbehälter? Sauberkeit?

Essen & Trinken

Schlangenfraß oder Haute Cuisine? Gibt es eine ordentliche Auswahl, sind die Portionen o.k.? Faire Preise – oder Apotheke? Führt der Service seinen Namen zu Recht?
!! Hier wird unterschiedlich gewertet!! Speiselokale und Restaurants sollten für gleiche Punktzahl schon ein wenig mehr bieten als Treffs mit einem Imbiss-Stand.

Motorraddichte

Stehen hier 5 Maschinen oder 500? Gehen Motorradfahrer im allgemeinen Ausflugsverkehr unter oder spielen sie die Hauptrolle?

Showfaktor

Sehen und gesehen werden! Muss man an diesem Treff halten – oder kann man vorbeifahren? Gibt's Kennerblicke oder Stirnrunzeln? Trifft man hier wirklich interessante Leute?

Hier nimmt man zum Essen Platz. Was die Küche bietet, steht auf der Speisekarte.

Hier gibt's was auf die Hand. Selbstbedienung, Angebot siehe Infotafel.

Alles im grünen Bereich?

Ausgezeichnet! So muss es sein!

Sehr gut. Lohnt sich!

Geht in Ordnung. Nix zu meckern.

Man kann's ertragen.

Nicht schön. Hier hapert's eindeutig.

Schäbig, wenig oder ärgerlich. Lohnt nicht!

Motorradtreff auf dem Zoo-parkplatz Duisburg-Kaiserberg

01

Adresse:
Carl-Benz-Straße
47058 Duisburg

Zeit:
nur Sonntagvormittag

Anfahrt:
A 40, Abfahrt Duis-burg-Kaiserberg, bzw.
A 3 bis Kreuz DU-Kaiserberg, dort A 40 Richtung Dortmund, 1. Abfahrt

Lage & Umgebung:
Atmosphäre:
Ausstattung:
Essen & Trinken:
Motorraddichte:
Showfaktor:

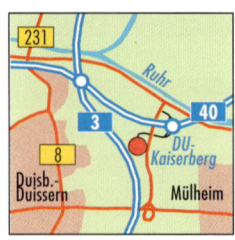

Kaiserberg   Duisburg

1974 trafen sich an den Sonntagmorgenden die ers-ten Motorradfahrer in Duisburg, um Verabredungen zu treffen, gemeinsam eine kleine Tour zu machen oder um zu sehen, wer noch so da ist. Das Ganze fand auf einer Brücke an der B 1 statt – und die Motorrad-fahrer oder besser -parker wurden bald zum ernst-haften Verkehrshindernis. Natürlich griffen die Ord-nungsbehörden ein, und nach kleinen Scharmützeln wurde den Motorradfahrern jeden Sonntagvormittag ein Teil des Zoo-Parkplatzes zugestanden.

Mit seiner fast 30-jährigen Tradition zählt Kaiserberg zu den ältesten Treffs im Ruhrgebiet, der größte ist er sowieso. An sonnigen Tagen gehen die Motorräder, die auf dem Platz stehen oder sich in dichten Pulks über die Zufahrtsstraßen schieben, in die Tausende. Stets bewacht von den Grünen, die aber in den letzten Jah-ren äußerst selten eingreifen mussten.

Auf dem Platz stehen Motorradfahrer aller Couleur beisammen – erstaunlicherweise sind auch jüngere Gesichter darunter. Mit rollenden Frittenbuden bleibt das kulinarische Angebot sparsam und überschau-bar, ebenso die Offerten der Teilehändler. Spätestens um 14 Uhr hat der ganze „Spuk" wieder ein Ende. Dann ist der Zooparkplatz wieder Zooparkplatz. Bis zum nächsten Sonntagmorgen.

Hohensyburg Hagen/Dortmund

Motorradtreff
auf dem Park-
platz am
Hengstey-See

02

Adresse:
Dortmunder Straße
58099 Hagen-Bathey

Zeit:
täglich, mehr Betrieb
am Wochenende

Anfahrt:
A 45, Abfahrt Dort-
mund-Süd, B 54 Rich-
tung Herdecke, links
in die Hohensyburg-
straße, oder A 1, Ab-
fahrt Hagen-Nord,
Dortmunder Straße

Die drei Kurven sind bei Motorradfahrern im Ruhrgebiet zur Legende geworden. Kein Wunder: Sie
würden selbst eine erstklassige Bergstrecke schmü-
cken, ihre 90°, 180° und 360° forderten früher so
manches Bergduell heraus. Und forderten ihre Toten.
Heute zwingt das Speedlimit zu fast aufrechter Kur-
venhaltung und Autos (ha!) dürfen nicht mehr überholt werden. Wer bei 50 km/h doch mal vom Mopped
fallen sollte, wird allerdings motorradfreundlich von
Doppelleitplanken gebremst.

Am Fuße der Bergstrecke liegt der Hengsteysee – und
hinter der Brücke (bereits auf Hagener Stadtgebiet)
der bekannte, aber eigentlich wenig einladende Motorradtreff. Neben der akzeptablen Lage als Treff für
gemeinsame Ausfahrten gibt's kaum etwas, das Freude erzeugen kann. Weder das Standard-Angebot der
Frittenbude noch das Ambiente: kein Schatten, wenig Sitzplätze, kein Asphalt.

Lage & Umgebung:

Atmosphäre:

Ausstattung:

Essen & Trinken:

Motorraddichte:

Showfaktor:

Der Ausblick auf die Ruine Hohensyburg ist allerdings ganz nett. Auf der Mitte der Bergstrecke zweigt
eine Straße ab zum alten Gemäuer und der modernen Spielbank. Auch hier kann man sein Motorrad
abstellen und sich auf einen Kaffee zu den Sonntags-
ausflüglern in der dort ansässigen Gastronomie ge-
sellen.

Parkplatz am Hardenberg-ufer vor Haus Scheppen

03

Adresse:
Hardenbergufer
45239 Essen

Zeit:
täglich

Anfahrt:
aus Essen über B 224, in Werden links abbiegen in die Hammer Straße, links in den Pörtingssiepen, oder über die B 227, rechts ab in die Hammer Straße, rechts in den Pörtingssiepen

Lage & Umgebung:

Atmosphäre:

Ausstattung:

Essen & Trinken:

Motorraddichte:

Showfaktor:

Haus Scheppen Essen-Werden

Kaum ein Treff in der Umgebung ist häufiger von einer Schließung bedroht worden als Haus Scheppen am Baldeneysee. Obwohl der Treff gar nicht *Haus Scheppen* ist (dort trifft man eher Segler), sondern die Parkplätze davor. Und auch nicht der Treff soll gesperrt werden, sondern die Zufahrt dahin, selbstverständlich nur für Motorradfahrer. Wie soll das Essener Ausflugsvölkchen denn sonst an seinen Teich kommen?

In der Tat führt die Zufahrt durch ein Wohngebiet, für das Tempo 30 gilt, was von den meisten Motorradfahrern auch berücksichtigt wird. Aber die Masse macht's.

Auch am Treff ist es voll, kein Wunder, denn hier kann man unter schattigen Bäumen direkt am Seeufer trefflich rasten. Am Wochenende wird's dann verdammt voll, weil auch Skater, Radler, Spaziergänger und Hundehalter das wissen. Also besser mal wochentags reinschauen, dann sind auch die Schlangen vor den beiden empfehlenswerten Imbissbuden erträglich. Letztere liefern sich einen für Biker vorteilhaften Konkurrenzkampf. Die Qualität des Gebotenen ist sehr ordentlich und der Service von der ganz schnellen Sorte. Da wird schon die vierte Reihe bedient, während die vorderen drei noch ihre Milch in den Kaffee schütten.

Grafenmühle Bottrop

Parkplatz an der Grafenmühle, div. Gastro-Angebote

04

Adresse:
Woodpecker's Roadhouse,
Zur Grafenmühle 147,
46244 Bottrop.
Tel: 02045 - 41 00 48

Zeit:
tägl. 11.00 - 1.00 Uhr,
sonntags ab 9.00 Uhr

Anfahrt:
Autobahn A 2 Abfahrt Oberhausen-Königshardt, rechts auf die Fernewaldstraße, nächste Ampel rechts in den Alten Postweg, nach 3 km Grafenmühle rechts

Lage & Umgebung:

Atmosphäre:

Ausstattung:

Essen & Trinken:

Motorraddichte:

Showfaktor:

Am Rande des beliebten Naherholungsgebietes „Kirchheller Heide" liegt auf Bottroper Stadtgebiet die Grafenmühle. Beliebtes Naherholungsgebiet? Richtig! Und deshalb ist hier an schönen Wochenenden die Hölle los. Familien, spielende Kiddies, ältere Spaziergänger – und zwischen allen hindurch balancieren sich die Motorradfahrer im Schritttempo.

Die Gegend eignet sich gut für den sonntäglichen Ausflug, denn von der Grafenmühle aus kann man zu schönen Spaziergängen starten. Oder aber zur netten Tour durchs Münsterland. Wer vorher oder nachher etwas verweilen möchte, bitteschön: Freizeitangebote (z.B. Mini-Trikes für die Kleinen, Minigolf für die Großen) und Moppeds en masse – oder man kommt wochentags, dann ist's übersichtlicher.

Kulinarisch gibt's die Auswahl: Pommes oder Kaffee am Stehtisch vor der Bude, Hamburger, Pils oder Cappuccino im *Woodpecker's Roadhouse*, Sahnetorte oder Schnitzel im *Haus Sonnenschein* nahe bei.

American Diner, Gastronomie mit Biergarten

05

Adresse:
Road Stop, Meisenburgstr. 255, 45133 Essen,
Tel: 0201 - 71 11 29,
www.road-stop.de

Zeit:
tägl. 11.00 - 1.00 Uhr

Anfahrt:
A 52, Abfahrt Essen-Kettwig, Meisenburgstraße Richtung Kettwig

Lage & Umgebung:

Atmosphäre:

Ausstattung:

Essen & Trinken:

Motorraddichte:

Showfaktor:

Road Stop **Essen-Schuir**

Nur nicht durch die Parkplatzbeschriftung verwirren lassen: Wo „Harleys Parking Only" mahnt, stehen nicht nur die Milwaukee-Eisen, sondern auch Japan-Sportler, Enduros oder Streetfighter. Ansonsten setzt das *Road Stop* ganz auf amerikanisches Flair und ebensolche Küche. Was natürlich nicht nur Motorradfahrer in die Pampa lockt, sondern alles, was einen motorisierten Untersatz hat. Den braucht man nämlich, weil das *Road Stop* ganz weit draußen im Essener Vorort Schuir liegt.

Und so stehen die Moppeds friedlich neben Cabrios, Edelmarken, Studentenautos und Familienkutschen. Draußen (im Biergarten), halb drinnen (auf der teilüberdachten Terrasse) und ganz drinnen ist es dann meist ziemlich voll und bunt gemischt. Was so viele Leute hierher treibt? Vielleicht sind's die mächtigen Hamburger, vielleicht sind es die hübschen weiblichen und smarten männlichen Bedienungen?

Das *Road Stop* ist eine hervorragende Adresse zum Sehen und Gesehenwerden. Leider nicht für Motorradfahrer , die zwar herzlich willkommen sind, aber im allgemeinen Getümmel einfach untergehen.

Weniger geübte Biker sollten übrigens den unbefestigten und abschüssigen Parkplatz neben dem *Road Stop* meiden und stattdessen wirklich auf den Harleyplätzen parken. Da kippt wenigstens nix um.

Hubertushöhe   Essen/Velbert

Gaststätte mit Biergarten

 06

Adresse:
Haus Hubertushöhe,
Rodberger Str. 122,
46257 Essen,
Tel: 0201 - 48 10 17

Zeit:
tägl. 19.00 - 1.00 Uhr,
bei schönem Wetter
auch eher geöffnet,
sonntags gelegentlich
Frühstück

Anfahrt:
über die B 227 (Rodberger Straße) von
Essen-Kupferdreh
nach Velbert

Lage & Umgebung:

Atmosphäre:

Ausstattung:

Essen & Trinken:

Motorraddichte:

Showfaktor:

Nicht weit von Haus Scheppen entfernt, ist die *Hubertushöhe* ein wenig in Vergessenheit geraten. Eigentlich liegt das alte Ausflugslokal strategisch günstig an den Ausfallstraßen in die nahe Elfringhauser Schweiz oder ins Bergische. Im Biergarten sitzt man hinterm Haus abseits der Straße, und der schöne Blick über die Felder ist auch nicht schlecht. Warum also trifft man immer nur ein paar Dutzend Motorradfahrer hier?

Vielleicht, weil man nicht von allen Plätzen die Moppeds auf dem Parkplatz sehen kann? Vielleicht, weil die gastronomische Grundversorgung wirklich nur ein Basisangebot ist? Vielleicht, weil der Biergarten etwas angegammelt in die Jahre gekommen ist? Vielleicht, weil die Hubertushöhe offiziell erst immer ab 19 Uhr geöffnet ist? Vielleicht, weil es nur an schö-

nen Sommertagen sonntags ein Frühstück gibt?

Schade eigentlich, die *Hubertushöhe* könnte ein richtig netter Stopp werden. Etwas Farbe in das Ganze, ein wenig mehr Augenmerk auf den Magen der Motorradfahrer, verläßlichere Öffnungszeiten – und die Sache sähe schon bald ganz anders aus.

Waldkneipe mit Biergarten

07

Adresse:
Merlin,
Priehlbachtal 88,
45257 Essen,
Tel: 0201 - 48 21 85,
www.merlin-die-
waldkneipe.de

Zeit:
tägl. 17.30 - 1.00 Uhr,
Fr. u. Sa. bis 3.00 Uhr,
So. 11.00 - 1.00 Uhr

Anfahrt:
aus Essen über
Kupferdreh in die
Nierenhofer Straße,
rechts in den Eisen-
hammer Weg, rechts
Deilbachtal, links
Priehlbachtal

Lage & Umgebung:

Atmosphäre:

Ausstattung:

Essen & Trinken:

Motorraddichte:

Showfaktor:

Merlin   Essen-Kupferdreh

Hier würde man eigentlich nie durch Zufall lang kommen – also Obacht: Wenn man eingekeilt zwischen Autos die Nierenhofer Straße von Hattingen Richtung Kupferdreh entlang zockelt, sollte man irgendwann links in den Eisenhammer Weg einbiegen und sich an der nächsten Abbiegung sofort rechts halten. Hier sieht's recht schäbig aus, aber hinter dem E-Werk geht's links ab ins Priehlbachtal. Dort wird es schlagartig nett – und wenn man auf der grüngesäumten Strecke wieder durchatmet und beherzt Gas geben will, ist man auch schon da.

Die kleine Waldkneipe ist nach wie vor ein Geheimtipp, das gilt für Auto- wie auch für Motorradfahrer. Der Parkplatz ist zwar nicht befestigt, dafür aber einigermaßen eben. Drinnen wirkt's wie eine Alt-Freak-Kneipe, draußen im Biergarten ist's lauschig und nett. Empfehlenswert: Das sonntägliche Frühstücksbüffet für einen kleinen Euro. Anschließend kann man die benachbarten Motorrad-Reviere für einen schönen Sonntagstrip nutzen.

Woodpecker's   Hattingen

Der alte Bahnhof in Hattingen ist ein historisches Kleinod – von dem aktuellen S-Bahn-Verkehr zwischen Hattingen und Essen aber schnöde links liegen gelassen. Nur sonntags hält an seinem Bahnsteig der Museumszug. In dem schmucken Gebäude betrieben einige Motorradfreaks ein paar Jahre lang eine Kneipe, leider wenig beachtet. Seit 2002 gelten andere Ziele. Die Inhaber der *Grafenmühle* in Bottrop haben in dem denkmalgeschützten Gebäude nahe der Henrichshütte ein zweites *Woodpecker's Roadhouse* eröffnet.

Drinnen sieht's chic und stilvoll aus, draußen sitzt man eher ungemütlich ohne natürlichen Schatten an Bierzelt-Garnituren auf dem ehemaligen Bahnsteig. Die Akzeptanz bei den Bikern hält sich (noch) in Grenzen. Für „Nur-mal-kurz-auf'n-Kaffee" oder „Sehen-und-gesehen-werden" ist das Hattinger *Roadhouse* weniger geeignet – obwohl der Parkplatz eigentlich groß genug wäre.

Zum Einkehren ist der schön restaurierte Bahnhof schon besser geeignet, vorausgesetzt, man mag American Diner Food und hat Spaß an großen Räumen mit pfiffigen Akzenten.

Historischer Bahnhof mit Gaststätte

08

Adresse:
Woodpecker's Roadhouse, Bahnhofstr. 79, 45525 Hattingen, Tel: 02324 - 99 99 56, www.woodpeckers-roadhouse.de

Zeit:
tägl. 11.00 - 1.00 Uhr, sonntags ab 9.00 Uhr.

Anfahrt:
aus Bochum über die B 51 nach Hattingen, über die Ruhr und nach der zweiten Brücke rechts in die Bahnhofstraße

Lage & Umgebung:

Atmosphäre:

Ausstattung:

Essen & Trinken:

Motorraddichte:

Showfaktor:

09 Restaurant, Bistro mit Terrasse und Biergarten

Adresse:
Suntumshof,
Ümminger See 11,
44803 Bochum,
Tel: 0234 - 9 27 08 84,
www.suntumshof.de

Zeit:
tägl. 12.00 - 24.00 Uhr,

Anfahrt:
A 43, Abfahrt Bochum-Laer, über Werner Hellweg in die Industriestraße fahren, rechts halten und der Ausschilderung folgen (rechts abbiegen)

Lage & Umgebung:

Atmosphäre:

Ausstattung:

Essen & Trinken:

Motorraddichte:

Showfaktor:

Ümminger See

Wenn man die Anreise durch Gewerbe- und Wohngebiete nicht scheut, glaubt man, am Ümminger See in eine andere Welt zu tauchen. Ein lauschiges und stilvolles Plätzchen mitten in der Stadt – in Bochum kann man es finden. Die Gastronomie bietet zwei Varianten, die unterschiedlicher kaum sein können. Im Restaurant *Suntumshof* gibt's feine Küche, erlesen und nicht ganz billig. Auch die Terrasse des Gasthauses ist eher der gepflegten Rast gewidmet, Service inklusive. Daneben gibt es noch einen Biergarten, in dem man an und auf simplem Holzmobiliar sitzt und sich die Erfrischungsgetränke an der Selbstbedienungstheke holt.

Während drinnen stilvoll getafelt wird, hockt draußen eine bunte Truppe aus Motorradfahrern, Spaziergängern, Studenten, Joggern und Radfahrern. Das frei laufende Federvieh bestaunt derweil die parkenden Bikes und nebenan üben ein paar Kids mit Skateboards in der Halfpipe. Wem das Ambiente am kleinen See gefällt, der kann für eigene Feten die Party-Scheune mieten.

Schlüter's

Castrop-Rauxel

Das *Schlüter's* hieß ganz früher einmal *Kemper* und hat eine traditionsreiche Vergangenheit als Ausflugslokal. Kein Wunder, denn es lag und liegt ja direkt an der Einflugschneise zum Castroper Holz, einem ausgedehnten Grüngebiet im Norden von Castrop. Die Segnungen der Autobahn machen allerdings aus der Zufahrt zu dem Gartenlokal am Waldesrand ein Such- und Geduldspiel.

Ausflugs-
gaststätte mit
Biergarten

Adresse:
Schlüter's,
Holzstr. 188,
44575 Castrop-Rauxel,
Tel: 02305 - 36 08 01,

Zeit:
tägl. 18.00 - 1.00 Uhr,
So. 12.00 - 1.00 Uhr

Anfahrt:
A 42 Abfahrt Castrop-
Rauxel, B 235 Richtung Norden, 1. links
Europaplatz., 1. links
Bahnhofstraße,
1. rechts Jahnstraße,
2. rechts Holzstraße

Lage & Umgebung:

Atmosphäre:

Ausstattung:

Essen & Trinken:

Motorraddichte:

Showfaktor:

Der Emscherschnellweg hat das *Schlüter's* ins verkehrstechnische Abseits geschoben, und man muss durch weniger ansehnliche Wohngebiete gurken, ganz egal, aus welcher Richtung man anreist. Hat man es dann geschafft, wird man vom lauschigen Biergarten für die unfreundliche Anreise entschädigt.

Wenn keine Motorräder vor der Tür stehen (vor allem in der kalten Jahreszeit) ist das *Schlüter's* eine ganz normale Kneipe, die ihre Alternativ-Szene-Freak-Vergangenheit nicht ganz leugnen kann. Seit 2001 steht Herbie nicht mehr hinter dem Tresen, das Lokal wird unter neuer Leitung betrieben und wartet mit einigen kleinen Überraschungen auf. So gibt es vom Grill z. B. auch vegetarische und (festhalten!) veganische Speisen. Natürlich werden aber auch noch andere Sachen über der Kohle geröstet.

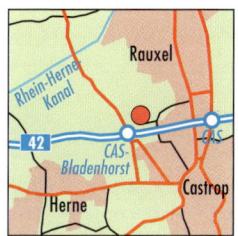

Ausflugs-gaststätte mit Motorrad-treff

11

Adresse:
Drügen-Pütt,
Münsterstraße 317,
45721 Haltern-Sythen,
Tel: 02364 - 66 00,

Zeit:
tägl. 10.30 - 20.00 Uhr,

Anfahrt:
Münsterstraße zwischen Haltern und Dülmen, über A 43, Abfahrt Haltern-Lavesum, Sythener Straße Richtung Osten bis Münsterstraße

Lage & Umgebung:

Atmosphäre:

Ausstattung:

Essen & Trinken:

Motorraddichte:

Showfaktor:

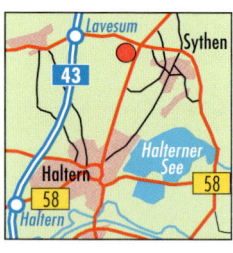

Drügen-Pütt Haltern

Hier treffen sich Veteranen und der Nachwuchs, hier glänzt speckig die Belstaff-Jacke und die Rennkombis strahlen in Kawa-Grün oder Duc-Rot. Hier stehen die Rennsemmeln neben Streetfightern und Choppern, hier sind sogar Roller und Oldtimer zu sehen. Keine Frage, der *Drügen-Pütt* ist der beliebteste Treff im nördlichen Ruhrgebiet oder im südlichen Münsterland – je nach Anreise und Blickwinkel.

Das alte Gasthaus liegt in Sythen direkt an der ehemaligen B 51 von Haltern nach Dülmen, der asphaltierte Parkplatz bietet (meist) Platz für alle, Speisen und Getränke werden zeitsparend und praktisch aus einem Fenster heraus nach draußen verkauft. Wer möchte, kann natürlich auch reingehen. Zwar gibt es nicht viel Baum-Schatten, aber große Sonnenschirme und Gestühl bieten dem komfortorientierten Biker ein Mindestmaß an Wohlbehagen.

Der *Drügen-Pütt* ist auch ein guter Punkt, um Touren durchs Münsterland zu beginnen oder zu beenden. Die schönen Strecken beginnen vor der Tür.

Parkplatz am See   Haltern

Motorrad-
und Roller-
treff am Ost-
ufer des Hal-
terner Sees

Adresse:
Stockwieser Damm,
45721 Haltern-Sythen

Zeit:
jeden Nachmittag,
Sa. und So. ganztägig

Anfahrt:
über B 58 von Haltern
nach Lüdinghausen
hinter dem See links
ab in den Stockwieser
Damm

Lage & Umgebung:	
Atmosphäre:	
Ausstattung:	
Essen & Trinken:	
Motorraddichte:	
Showfaktor:	

Oh je, was ist aus dem einst so beliebten und schönen Treff am Halterner Seeufer geworden? Eigentlich stimmte hier alles: Autofahrer haben auf dem Platz nichts verloren, schattenspendende Bäume und das nahe Seeufer laden zum Verweilen und zum kleinen Spaziergang ein. Allein: Es wurden immer weniger Motorradfahrer, die diesen Platz ansteuerten. Lag es an der absolut indiskutablen Imbissbude, die schließlich auch die Hartgesottensten vergraulte? Es bliebe eigentlich kaum noch ein Grund, diesen Platz zu erwähnen, hätte nicht vis-a-vis das *Lakeside Inn* eröffnet. Mehr und mehr Motorradfahrer parkten 2003

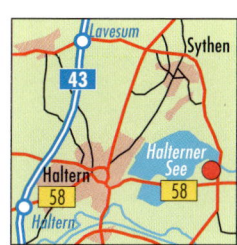

ihre Moppeds gegenüber. Ob das „American Diner" zum Motorradtreff und würdigen Nachfolger des alten Treffs taugt, bleibt abzuwarten. Deshalb noch keine Bewertungen für den neuen Laden.

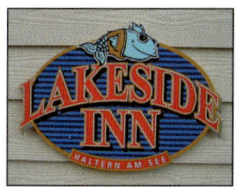

Biergarten mit Imbiss-Betrieb

13

Adresse:
Jupp u. de Böcken,
Haltern Südufer,
45721 Haltern,
Tel: 02364 - 52 16,

Zeit:
nur bei warmem Wetter, tägl. ab 12.00 Uhr, So. ab 11.00 Uhr, jeweils bis Einbruch der Dunkelheit

Anfahrt:
an der B 58 von Haltern nach Lüdinghausen

Lage & Umgebung:

Atmosphäre:

Ausstattung:

Essen & Trinken:

Motorraddichte:

Showfaktor:

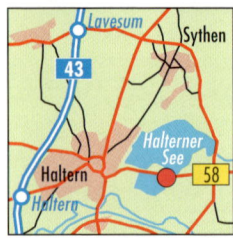

Jupp unner de Böcken Haltern

Dieser Treff ist eigentlich gar kein richtiger Treff. Aber er ist so herrlich schräg, dass man einfach mal vorbeischauen muss. Und das haben immerhin schon Tausende von Motorradfahrern getan. Auf Hochdeutsch heißt der Treff „Josef unter den Buchen" und liegt direkt an der B 58 am Rande eines Buchenwäldchens nahe dem Halterner Stausee. Bei Jupp treffen sich natürlich auch Ausflügler und Spaziergänger.

Während der Chef früher ständig neue Dinge aus Holz schnitzte und schnitt, werkelte die Familie im Kiosk, um das durstige und hungrige Volk zu bedienen. Den Chef gibt's leider nicht mehr, aber sein Werk verfolgt den Besucher auf Schritt und Tritt. Jeder Tisch und jede Bank ein Jupp-Original, schräge Schilder, megakitschige Figuren, pfiffige Selbstbedienungsideen und blöde Sprüche lauern überall. Man sitzt trotz der nahen Straße ganz gemütlich, bloß Parkplätze fehlen. Das Motorrad muss leider draußen (am Straßenrand) bleiben.

Biker Treff Vogel   Marl

Motorradtreff
mit Gastrono-
mie und Zelt-
platz

Der Bikertreff an der Marler Straße ist bei Insidern auch unter dem Namen *Mutter Vogel* bekannt. Im Norden von Marl, fast schon in Haltern, liegt er nicht gerade „an der Strecke" – aber von hier aus ist es nicht weit zu den netten Touren längs des nördlichen Ruhrgebiets. Bei *Mutter Vogel* trifft sich die gemütlichere Fraktion, neben Choppern und Cruisern stehen auch mal Trikes – und da Kinder willkommen sind (Spielplatz, Streichelzoo), geht's bisweilen recht familiär zu.

Adresse:
Biker Treff Vogel,
Marler Straße 321,
45772 Marl,
Tel: 02365 - 20 16 91

Zeit:
täglich 8.30 Uhr bis
zum Einbruch der
Dämmerung

Anfahrt:
A 43, Ab-Kreuz Marl-Nord, Zubringer Richtung Haltern, rechts in die Recklinghäuser Straße, an der Ampelkreuzung links in die Marler Straße

Lage & Umgebung:

Atmosphäre:

Ausstattung:

Essen & Trinken:

Motorraddichte:

Showfaktor:

Für die Moppedfahrer gibt es nicht nur ein nettes Plätzchen am Waldrand und ausreichend Sitzgelegenheiten, sondern im Sommer gelegentlich auch ein Live-Programm, Parties, Veranstaltungen und Wettbewerbe. Wer das Urige mag, bleibt hier bestimmt länger als nur auf einen „schnellen Kaffee".

Motorradtreff
mit Restau-
rant und
Hotel

15

Adresse:
Biker's Farm,
Limbergen 9,
48249 Dülmen,
Tel: 02590 - 9 17 80,
www.bikers-farm.de

Zeit:
täglich ab 14.00 Uhr,
Sa. u. So. ab 10.00 Uhr

Anfahrt:
A 43, Abfahrt Dülmen-
Nord, in Dülmen links
Richtung Buldern, den
Hinweisschildern
„Freizeitanlage Bul-
derner See" folgen

Lage & Umgebung:

Atmosphäre:

Ausstattung:

Essen & Trinken:

Motorraddichte:

Showfaktor:

Biker's Farm   Dülmen-Buldern

Keine Frage: Die Farm ist nicht nur auf Kurzbesuche,
sondern auch auf Belagerungen eingestellt: Wenn's
nach einigen Bieren zum Fahren nicht mehr reicht,
kann man ein Hotelzimmer buchen – oder sich mit
anderen Motorradfahrern ein Matratzenlager teilen.
Die *Biker's Farm* liegt etwas abgelegen, dafür aber
recht nett und mitten im Grünen am kleinen Bulderner See.

Unter Sonnenschirmen sitzt man entspannt und
fachsimpelt, während die Kiddies auf der benachbarten Spielwiese überschüssige Kraft abbauen. Natürlich kann man hier Currywurst essen – die zivilen
Preise rechtfertigen aber auch schon mal ein ausge-
wachsenes Gericht. Im Sommer wird der Holzkoh-
legrill angeworfen. Veranstaltungen gibt's auch – und
wer auf dem Laufenden bleiben möchte, besucht die
informative Website www.bikers-farm.de

Route 67   Gescher-Tungerloh

Motorradtreff mit Gaststätte, Biergarten und Imbiss

Adresse:
Route 67,
Tungerloh-Pröbsting 6,
48712 Gescher,
Tel: 02542 - 33 55,
www.route67.de

Zeit:
von April bis Oktober
täglich ab 12.00 Uhr,
Sa. u. So. ab 10.00 Uhr

Anfahrt:
A 31, Abfahrt Gescher/Coesfeld, B 525
Richtung Gescher, erste Möglichkeit links

Die Legende sagt, dass der Motorradtreff *Route 67* an der B 67 liegt. Wer ihn aber dort sucht, wird wohl ewig zwischen Bocholt und Dülmen hin und her irren. Wer sich aber nach Gescher orientiert, wird die Gaststätte im amerikanischen Stil zielsicher in Tungerloh-Pröbsting finden. Der Treff hat ein ideales „Sehen-und-gesehen-werden"-Arrangement: Die Motorräder parken mitten zwischen Biergarten und der Terrasse, die An- und Abfahrt findet auf offener Bühne statt.

Lage & Umgebung:

Atmosphäre:

Ausstattung:

Essen & Trinken:

Motorraddichte:

Showfaktor:

Wer die schnelle Currywurst schätzt, wird hinterm Haus an der Pommesbude bedient. Wer sich niederlässt, hat die ganze Palette des American Diner auf der Speisekarte. Selbstverständlich sind auch all diejenigen herzlich willkommen, die nur mal eben kurz eine Tasse Kaffee trinken möchten.

Die Betreiber des *Route 67* sind natürlich auch Motorradfreaks. Das merkt man spätestens auf der Website, wo unter www.route67.de beim Rollover am Gasgriff gedreht wird. Musik gibt's natürlich nicht nur auf der Website, sondern im Lokal gelegentlich auch live.

Motorradtreff am Longinusturm

17

Adresse:
Baumberg,
48301 Nottuln

Anfahrt:
L 581 von Billerbeck
nach Havixbeck, nach
etwa 3 km rechts ab-
biegen, Beschilde-
rung folgen

Lage & Umgebung:

Atmosphäre:

Ausstattung:

Essen & Trinken:

Motorraddichte:

Showfaktor:

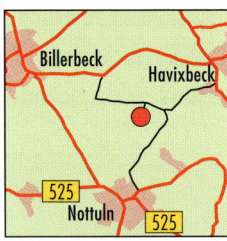

Longinusturm   Nottuln

Der Sandstein-Turm ist über 100 Jahre alt und steht inmitten der Baumberge auf dem höchsten Punkt des Münsterlandes. Obwohl dieser aber noch nicht einmal 200 Meter hoch ist, reicht es für eine herrliche Rundumsicht. Einst wurden von diesem Turm die ersten Fernsehbilder Westfalens ausgestrahlt, heute haben diesen Job die benachbarten, modernen Sendemasten übernommen.

Die Parkplätze am Fuße des nostalgischen Turms sind zwar kein kleiner, aber ein eher ruhiger Treff. Wer einen stimmungsvollen Sonnenuntergang genießen will, sollte den geschichtsträchtigen Oldie zum Ende einer Tour durchs Münsterland besuchen.

Im Turm gibt es auch ein kleines Café, deren Inhaber mit rechtlichen Konsequenzen drohen, falls es in Zusammenhang mit einem Motorradtreff genannt werde. Deshalb fehlen hier Bewertung, Öffnungszeiten und Rufnummer.

Biker-Treff   Nordkirchen

Motorradtreff am ehemaligen Bauernhof

18

Adresse:
Biker-Treff Nordkirchen, Berger 25, 59394 Nordkirchen
Tel: 02596 - 97 20 58
www.bikertreffnordkirchen.de

Zeit:
täglich ab 14.00 Uhr,
Sa. u. So. ab 10.00 Uhr

Anfahrt:
Von der L 810 in Nordkirchen abbiegen Richtung Selm, etwa 1 km hinter der Ortsausfahrt

Lage & Umgebung:

Atmosphäre:

Ausstattung:

Essen & Trinken:

Motorraddichte:

Showfaktor:

Nach Nordkirchen kommt man eigentlich nur, wenn man das größte Wasserschloss Westfalens besichtigen will. Oder Moppeds – denn die stehen an schönen Tagen rund um den *Biker-Treff Nordkirchen*. Auf dem großzügigen Gelände eines ehemaligen Bauernhofes gibt es gleich mehrere Parkflächen nur für Motorräder. Wer mit dem Auto anreist, muss dieses auf der Wiese daneben abstellen.

Ebenso großzügig wie der Raum für die Motorräder ist auch das Platzangebot für die Fahrerinnen und Fahrer bemessen. Terrasse vor dem Haus, kleiner Biergarten dahinter, im Haus selbst verschiedene Räume, ordentlich möbliert oder funktionell mit Stehtischen – fast perfekt. Wenn es denn am *Biker-Treff Nordkirchen* eine richtige Gastronomie gäbe. Leider ist es nur eine Fast-Food-Küche mit Pommesbudenangebot und -qualität. Das ist zwar o.k.,

hier wäre aber eindeutig mehr machbar. Ein paar kleine Highlights sind jedoch das sonntägliche Frühstück zu einem unschlagbaren Preis und Oma Elses Kartoffelsalat.

Ausflugslokal mit Rhein-Terrasse

19

Adresse:
Rheinfähre,
Eyländer Weg 1,
46509 Xanten,
Tel: 02801 - 13 34,

Zeit:
täglich ab 10.00 Uhr,
Küche bis ca. 22.00
Uhr, Mi. Ruhetag

Anfahrt:
In Xanten von der
B 57 abbiegen in die
Gelderner Straße, bis
zum Ende durchfah-
ren

Lage & Umgebung:

Atmosphäre:

Ausstattung:

Essen & Trinken:

Motorraddichte:

Showfaktor:

Rheinfähre

Xanten

Wer an einem schönen Wochenende die Xantener *Rheinfähre* auf dem Ausflugsprogramm hat, sollte sich auf ein ziemliches Gedränge einstellen. Nicht nur Motorradfahrer haben das Ausflugslokal am Rheinufer zu ihrem Lieblingsplatz erkoren, sondern auch Großfamilien, Sonntagsausflügler, Rentner und wen auch immer es ans niederrheinische Parade-Ufer zieht. Also sind nicht nur die Tische voll besetzt, sondern auch die Parkmöglichkeiten knapp.

Wer es trotz allem irgendwie geschafft hat, lässt sich Kaffee und Kuchen oder ein erfrischendes Kaltgetränk munden, genießt den herrlichen Blick auf den Vater aller Flüsse, beobachtet den Schiffsverkehr oder die Vielzahl der abgestellten Motorradmodelle. Deren Kennzeichen verraten, dass sich hier nicht nur die Biker vom Niederrhein treffen. Wenn's im Frühjahr oder Herbst auf der Terrasse zu kalt wird, kann man natürlich ins Lokal einkehren und sich aufwärmen.

Auf die andere Rheinseite kommt man hier selbstverständlich auch, schließlich tuckert die Fähre unermüdlich hin und her. „Rübermachen" kann man aber nur ohne Fahrzeug, die Moppeds müssen am Ufer bleiben.

Mad Dog **Wuppertal-Cronenberg**

American Bar & Diner mit kleinem Open-Air-Bereich

Adresse:
Mad Dog,
Hahnerberger Str. 72,
42349 Wuppertal,
Tel: 0202 - 4 95 89 88
www.mad-dog.info

Zeit:
tägl. 16.00 - 1.00 Uhr,
Fr. u. Sa. bis 3.00 Uhr,
So. 9.00 - 1.00 Uhr

Anfahrt:
vom Café Hubraum
zunächst auf die L 74
Richtung Wuppertal,
erste Ausfahrt sofort
wieder runter, nach
Wuppertal-Cronenberg, danach Richtung Elberfeld über
die Solinger Straße
und die Hauptstraße
in die Hahnerberger
Straße

Nein, ein Motorrad-Treff ist das *Mad Dog* nicht wirklich. Der orangefarbene Kasten liegt eingekeilt zwischen Container-Schrottdienst und Autolackiererei direkt an einer vielbefahrenen Hauptverkehrsstraße. Kein Grün ringsum, auf der Terrasse vor dem Kasten ein Alibi-Tischchen im Straßenlärm, und der Biergarten mit Blick auf feinen Metallschrott braucht wohl ziemlich viel Bier, um Garten zu werden.

Lage & Umgebung:

Atmosphäre:

Ausstattung:

Essen & Trinken:

Motorraddichte:

Showfaktor:

Seine Qualitäten entfaltet das *Mad Dog* erst drinnen. Dort erscheint alles nett und freundlich, was von draußen eher abschreckend wirkte. Eine ideale Lokalität also, um das Ende einer schönen Tour mit seinen Freunden zu genießen, sich von der kompakten, sehr amerikanischen Speisekarte etwas Leckeres zu ausgesprochen kleinen Preisen auszusuchen und die besten Kurven noch einmal Revue passieren zu las-

sen. Natürlich ist das *Mad Dog* auch ein geeigneter Ort, ganz ohne Mopped mal ein paar zünftige Drinks zu kippen. Aber wer wohnt schon in Wuppertal-Cronenberg?

Ausflugslokal für Motorrad-fahrer; Treff u. Biergarten
21

Adresse:
Café Hubraum,
Kohlfurther Str. 30,
42651 Solingen,
Tel: 0212 - 53 08 93
oder 0212 - 2 54 10 51,
www.cafehubraum.net

Zeit:
tägl. 16.00 - 23.00 Uhr,
Sa. 11.00 - 24.00 Uhr,
So. 10.00 - 24.00 Uhr

Anfahrt:
aus Richtung Wup-
pertal ab Sonnborner
Kreuz über die L 74,
Ausfahrt Kohlfurth,
links halten

Lage & Umgebung:
Atmosphäre:
Ausstattung:
Essen & Trinken:
Motorraddichte:
Showfaktor:

Café Hubraum   Solingen

Bei den meisten Motorradfahrern gehört das *Café Hubraum* ebenso zum Pflichtprogramm wie etwa *Kaiserberg* oder die *Hohensyburg*. Mit einem kleinen Unterschied: Das *Hubraum* ist fast in allen Belangen besser. Schön gelegen, am Ufer der hier noch recht schmalen Wupper, bietet es genug Raum für Treff-Vorlie-ben fast aller Biker. Hier gibt's das schattige Plätzchen mit Ti-schen und Bänken, die Steh-tische für die Tasse Kaffee und den gepflegten Plausch, im Biergarten Selbstbedienung, zivile Preise und das ein oder andere rustikale Stück Fleisch vom Grill. Auch entlang der

Moppeds kann man bummeln und gucken – zumin-dest, wenn man nicht gerade während der Sonntags-Rush-Hour kommt.

Das *Hubraum* hat eine fast 80-jährige Tradition als Auto-Rast und sagt seit 10 Jahren konsequent „Ja" zum motorisierten Zweirad. Auf der Website www.cafehubraum.net erfährt man mehr über den Laden und das Angebot. Ein perfekter Treff also? Nicht ganz, denn die schönen Strecken beginnen leider nicht direkt vor der Tür. Und außerdem gibt es rund ums *Hubraum* nervige Tempolimits, die bis-weilen scharf überwacht werden.

Glörtalsperre   Breckerfeld

Motorradtreff mit Imbissbude, benachbartes Ausflugslokal

Adresse:
Glörtalsperre,
58339 Breckerfeld,

Zeit:
täglich, bevorzugt Spätnachmittage und Wochenenden

Anfahrt:
B 54 Richtung Schalksmühle, in Dahl rechts abbiegen Richtung Breckerfeld, nach etwa 1,5 km links zur Glörtalsperre (Beschilderung)

Lage & Umgebung:

Atmosphäre:

Ausstattung:

Essen & Trinken:

Motorraddichte:

Showfaktor:

Die Glörtalsperre gehört zu den Winzlingen unter den Wasserspeichern im Bergischen. Außerdem ist sie nicht leicht zu finden. Wer es trotzdem geschafft hat, darf sich durch die wohl schlechteste Parkplatz-Zufahrt aller Motorradtreffs in NRW quälen. Wenn dann das Mopped auf dem nicht sehr großen und unbefestigten Platz parkt, darf man sich an Natur satt in lauschiger Umgebung erfreuen. Der kulinarisch ehemals lieblos betriebene Imbiss hat 2003 deutlich zugelegt. Mit größerer Auswahl, besserer Qualität und sogar einem Kuchenangebot punktet er jetzt ordentlich.

Wer es komfortabler oder kulinarisch noch reichhaltiger mag und die Nestwärme anderer Motorradfahrer nicht zwingend braucht, klettert ein paar Stufen hoch, setzt sich zu den Ausflüglern ins *Haus Glörtal* und lässt es sich à la carte schmecken.

Im lauschigen kleinen Glörsee darf man sogar baden – wenn er denn wieder voll ist. Wegen Arbeiten an der Staumauer wurde die Talsperre vorübergehend trocken gelegt. Der Dürre-Sommer 2003 vereitelte die geplante Füllung. Aber 2004 wird's bestimmt wieder ...

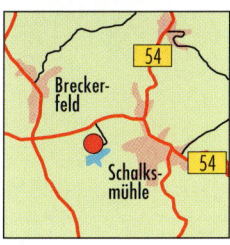

Gaststätte mit Biergarten

23

Adresse:
Schinderhannes,
Kreckersweg 1a,
42929 Wermels-
kirchen,
Tel: 02193 - 8 14

Zeit:
tägl. 18.00 - 1.00 Uhr,
So. 9.00 - 1.00 Uhr

Anfahrt:
in Wermelskirchen
von der B 51 in die
Dabringhauser Stra-
ße abbiegen, nach
knapp 4 km rechts
abbiegen Richtung
Dabringhausen

Lage & Umgebung:

Atmosphäre:

Ausstattung:

Essen & Trinken:

Motorraddichte:

Showfaktor:

Schinderhannes Wermelskirchen

Im *Schinderhannes* und im Biergarten davor kann
man sich kräftig stärken. Vorausgesetzt man ist ge-
duldig und schaut angesichts der umfangreichen
Speisekarte nicht auf den Euro. Wobei allerdings die
charmante Bedienung manch Unzulänglichkeit wieder wettmacht. Das Lokal liegt verkehrstechnisch
ausgesprochen günstig südlich von Wermelskirchen,
auf halbem Weg zur Großen Dhünntalsperre. Hier ist
feines und beliebtes Biker-Revier, schöne Kurvenstrecken beginnen gleich um die Ecke.

Die gesetztere Fraktion scheint sich beim *Schinderhannes* am wohlsten zu fühlen, vielleicht hat man
einfach auch ein bisschen mehr Zeit, wenn man im
fortgeschrittenen Alter ist. Die Mopeds parken neben dem Biergarten, sofern ihre Piloten die Zufahrt
hinter dem Haus gefunden haben. Der Biergarten liegt
weniger schön direkt
an der Straße, was
zwar die lückenlose
Beobachtung aller
vorbeikommenden
Fahrzeuge ermöglicht
– aber auch für einen
gewissen Geräusch-
pegel sorgt.

Bevertalsperre Hückeswagen

Motorradtreff
an der Stau-
mauer

Adresse:
Bevertalsperre,
42499 Hückeswagen,

Zeit:
jeden Nachmittag,
am Wochenende
ganztägig

Anfahrt:
in Hückeswagen von
der B 483 abbiegen,
der Ausschilderung
zur Bevertalsperre
folgen

Lage & Umgebung:

Atmosphäre:

Ausstattung:

Essen & Trinken:

Motorraddichte:

Showfaktor:

An der Bevertalsperre herrscht eindeutig mehr Betrieb als an der kleinen Glörtalsperre. Schon auf der schmalen Zufahrt mahnt reger Motorrad- und Ausflüglerverkehr zur Vorsicht, und wenn es über die Staumauer schnurstracks auf den Treff zugeht, beobachten Dutzende von kritischen Augenpaaren alle Neuankömmlinge.

Wer zum Motorradtreff an der Staumauer fährt, will sehen und gesehen werden, sonst nix. Der Treff ist eine Straße mit einem etwas breiteren Parkstreifen und ansonsten fehlt auch so ziemlich alles, was einen heimeligen Treff ausmacht. Schatten ist Mangelware, als Sitzgelegenheiten können höchstens die Leitplanken dienen – und die Straße ist eben eine Straße, auf der auch ordentlich gefahren wird.

Zwei rollende Versorgungsstände machen sich wenig Konkurrenz. Der eine hat eine Friteuse und einen Bratrost, der andere eine Kühltheke und eine

Espressomaschine. Während das Eis ganz ordentlich ist, haben Espresso und Cappuccino an der Bevertalsperre mit ihren Namensvettern in Italien recht wenig gemeinsam.

73

Ausflugslokal
mit See-Ter-
rasse

Adresse:
Zur Zornigen Ameise,
Großberghausen 2,
42499 Hückeswagen,
Tel: 02192 - 42 86

Zeit:
Öffnungszeiten stan-
den bei Redaktions-
schluss noch nicht
fest, Inhaberwechsel
im April 2003

Anfahrt:
in Hückeswagen von
der B 483 abbiegen,
der Ausschilderung
zur Bevertalsperre
folgen, vor der Sperr-
mauer links abbiegen

Lage & Umgebung:

Atmosphäre:

Ausstattung:

Essen & Trinken:

Motorraddichte:

Showfaktor:

Zornige Ameise Hückeswagen

Wer die Bevertalsperre nebst Umgebung reizvoll findet, dem Treff an der Staumauer aber nichts abge-
winnen kann, für den gibt es in unmittelbarer Nach-
barschaft eine Alternative. Auf dem Weg zur Staumauer zweigt links eine kleine Straße zur *Zornigen
Ameise* ab, die inmitten eines kleinen Wäldchens unmittelbar am Wasser liegt. Wer sich dort am Ufer des
Sees niederlassen will, muss sich vorübergehend von

seinem Motorrad trennen.
Die Bikes stehen nämlich
außer Sichtweite von der
Terrasse auf Parkplätzen,
die nur Motorrädern vor-
behalten sind. Trotzdem:
Kleine Einfahrten und
eine nicht unerhebliche Geländeneigung verlangen
Fingerspitzengefühl und Gleichgewichtssinn.

In der rustikalen Ameise bedient man sich selbst, die
Karte bietet nicht viel mehr als Pommesbuden-Stan-
dard – und genau genommen sind es auch Holz-
buden, in denen der Service von Theke bis Toilette
untergebracht ist. Von der Terrasse genießt man einen schönen Blick über den See und auf Segelboote
von ganz groß bis ganz klein: Unmittelbar neben der
Zornigen Ameise lassen nämlich die Modellbauer ihre
funkferngesteuerten Schätzchen zu Wasser.

Unnenberg   Marienheide

Ausflugs-
gaststätte
mit Biergar-
ten

Adresse:
Turmgaststätte,
Unnenberger Straße,
51709 Marienheide,
Tel: 02261 - 2 15 44

Zeit:
11.00 - 23.00 Uhr,
So. ab 10.00 Uhr,
dienstags Ruhetag

Anfahrt:
in Lantenbach an der
Aggertalsperre auf
die „Breite Straße"
Richtung Gummers-
bach, rechts abbie-
gen Richtung Dan-
nenberg, Beschilde-
rung folgen

Lage & Umgebung:

Atmosphäre:

Ausstattung:

Essen & Trinken:

Motorraddichte:

Showfaktor:

Wo das Bergische Land am höchsten ist, geht es noch ein Stück weiter hinauf: Auf dem über 500 Meter hohen Unnenberg steht ein 22 Meter hoher Aussichtsturm und gibt bei schönem Wetter einen herrlichen Blick frei, der bis zum Rhein reicht. Wer nicht schwindelfrei ist oder keinen Wert auf die Spitzen des Kölner Doms in der Ferne legt, bleibt einfach unten und setzt sich in bzw. vor die *Turmgaststätte*.

So machen es an sonnigen Tagen Hunderte von Motorradfahrern, die mitten im schönsten Tour-Gebiet und mitten im dichten Tann hier ein sehr angenehmes Plätzchen finden. Ein fast ebenso schönes Plätzchen genießen die Moppeds, derweil sich die Besatzung wahlweise mit Kaffee und Kuchen stärkt – oder eine herzhaftere Mahlzeit aus der kleinen Karte wählt.

Ganz leicht zu finden ist die *Turmgaststätte* nicht. Wer sich hier weniger gut auskennt, sollte sich auf dem Weg von Lantenbach nach Dannenberg (oder aus der anderen Richtung) an den kleinen Wegweisern zur Gaststätte orientieren.

Restaurant,
Café und
Hotel

27

Adresse:
Landhaus Fuchs,
Unterbersten 27,
51515 Kürten,
Tel: 02268 - 72 86,
www.landhaus-
fuchs.com

Zeit:
täglich ab 14.00 Uhr,
Sa. ab 11.00 Uhr,
So. ab 10.00 Uhr

Anfahrt:
in Kürten abbiegen in
die Olpener Straße, in
Olpe Richtung Unter-
bersten (Lohfeld)

Lage & Umgebung:

Atmosphäre:

Ausstattung:

Essen & Trinken:

Motorraddichte:

Showfaktor:

Landhaus Fuchs   Kürten

Obwohl das *Landhaus Fuchs* ziemlich in der Pampa liegt und keine „richtige" Adresse hat (die Häuser in Unterbersten sind einfach durchnummeriert), kann man es eigentlich nicht verfehlen. Ortsfremde hängen sich irgendwo im Umkreis von zehn Kilometern an ein x-beliebiges Motorrad und werden in der Regel zielsicher zum richtigen Gasthaus geführt. An schönen Tagen parken die Motorräder schon längs der Zufahrt zu dem netten Ausflugsziel und kleinem Landhotel. Pkw sind dann deutlich in der Minderzahl.

Vor altem Fachwerk läßt sich gemütlich sitzen, und wer ausreichend Geduld mitbringt, läßt sich von den Café-Standards oder der sehr ordentlichen Landhausküche kulinarisch verwöhnen. Wer keinen Platz mehr findet oder die verdammt langen Lieferzeiten scheut, macht es sich auf dem Motorradparkplatz bequem. Sofern die Wiese trocken ist, denn auf den Parkflächen gibt's leider keine Sitzmöglichkeiten. Hier trinkt und isst man Mitgebrachtes.

Bigge Grill — Attendorn

Motorradtreff auf dem Parkplatz am Biggesee — 28

Adresse:
Bigge Grill,
Hohen Hagen,
57439 Attendorn,
Tel: 02722 - 71 80

Zeit:
tägl. 8.00 - 19.00 Uhr

Anfahrt:
von Attendorn Richtung Meinerzhagen in Neu-Listernohl links abbiegen zum Biggesee, nach knapp 3 km wieder links abbiegen und über die Brücke fahren

Lage & Umgebung:
Atmosphäre:
Ausstattung:
Essen & Trinken:
Motorraddichte:
Showfaktor:

Wenn man ehrlich ist, dann muss man dem Motorradtreff am *Bigge Grill* leider bescheinigen, dass er sich von den vielen Uferkilometern des Biggesees wirklich nicht den schönsten ausgesucht hat. Ein ungemütlicher Parkplatz direkt neben der Straße gibt zwar den Blick auf den See frei. Ein hoher Zaun verhindert allerdings jeglichen Kontakt mit dem Wasser. Wer einen Sitzplatz möchte, muss verdammt früh kommen – und für einen Quadratmeter Schatten wahrscheinlich noch ein paar Jahre warten. Fürs „Frischmachen" muss ein Dixi-Klo genügen.

Trotzdem trifft man sich hier, und wochentags mischen sich auch Trucker unters Biker-Volk. Vielleicht ein Verdienst von Helmut Trapp, der mit seinem Imbiss-Stand den kulinarischen Fast-Food-Horizont erweitert. Wo sonst findet man an einer Pommesbude ein halbes Dutzend Salat-Variationen, darunter sogar eine mit Shrimps?!! Außerdem gibt es am *Bigge Grill* spezielle Rabattkärtchen für Biker und Trucker.

Ein zweiter Vorteil des Treffs: Der Biggesee ist zwar stark frequentiertes Ausflugsrevier, aber schöne Strecken für Motorräder gibt es ringsum in Hülle und Fülle. Ein kleiner Dreh am Gasgriff genügt.

Motorradtreff mit Imbiss, Restaurant und Eis-Café

29

Adresse:
Stavros Grill,
Zum Sorpedamm,
59846 Sundern-
Langscheid

Zeit:
täglich ab 11.00 Uhr

Anfahrt:
B 229 von Balve nach
Hachen, rechts abbie-
gen zum Sorpesee
(ausgeschildert), am
Ende der Straße in
Langscheid rechts
abbiegen

Lage & Umgebung:

Atmosphäre:

Ausstattung:

Essen & Trinken:

Motorraddichte:

Showfaktor:

78

Sorpesee

Sundern

Inmitten eines wunderschönen Motorrad-Reviers mit einer Fülle brauchbarer Strecken liegt die Sorpetal-sperre. Pardon, der Sorpesee – darauf legt der Sauer-länder Wert! Eine Waldstraße schlängelt sich entlang des Westufers, und es macht Spaß, hier lang zu cruisen, selbst wenn Tempolimits, schleichende Autofahrer und sorglose Fußgänger das flüssige Fahr-vergnügen stören.

Unterwegs gibt es etliche Plätzchen, an denen man stoppen und den See genießen kann. Die meisten jedoch zieht es nach Langscheid ans Nordufer der Talsperre. Hier gibt es diverse Ausflugslokale, in de-nen man sich das Übliche servieren lassen kann. Der zentrale Treffpunkt der Motorradfahrer ist allerdings *Stavros Grill* – hier parken die Mopeds in dichten Pulks längs der Straße.

Der Imbiss serviert griechisches Fast-Food und der Pott Kaffee ist hier noch konkurrenzlos billig, Stavros glaubt an das Gute im Menschen und verzichtet auf das sonst übliche Tassen-Pfand. Das Ambiente: Steh-tische oder Holzbänke an der Straße. Für alle, die et-was nobler tafeln wollen, schließt sich das Grill-restaurant an. Und auch seinen Kaffee kann man komfortabler trinken: im benachbarten Eiscafé. Dort kostet er aber auch ein wenig mehr.

Wolf's Revier   **Möhnesee**

Motorradtreff
mit Imbiss
und kleinem
Biergarten

30

Adresse:
Dorfgrill,
Möhnestraße 29,
59519 Möhnesee-
Günne,
Tel: 02924 - 55 53

Zeit:
tägl. 11.00 - 22.00 Uhr

Anfahrt:
von der B 229 in
Delecke auf die Link-
straße Richtung
Günne, im weiteren
Verlauf: Möhnestraße

Lage & Umgebung:
Atmosphäre:
Ausstattung:
Essen & Trinken:
Motorraddichte:
Showfaktor:

Ganz in der Nähe der Möhne-Staumauer hat Wolf
sein Revier. Natürlich nicht der aus dem Fernsehen,
sondern der mit dem Biergarten neben der Pommesbude *Dorfgrill*. Diese strahlt in frischen Farben und
bietet einigen wenigen Gästen sogar festes Gestühl.
Wer schon (auf dem Mopped) genug gesessen hatte,
steht auf einem der benachbarten Parkplätze, guckt,
philosophiert oder balanciert das Pommes-Schälchen
in der Hand.

Wolf's Revier liegt in Günne am vielfrequentierten
Nordwestufer der Möhnetalsperre. Über die nördli-
che Uferstraße zu zockeln macht ausgesprochen wenig Spaß, wer von Osten kommt und es bereits hinter sich hat, findet an diesem Treff wieder seine in-
nere Balance zurück. Vor allem an den Wochenenden kann es hier reichlich voll werden. Ein besonders

schön gelegener
oder origineller
Treff ist das Revier
zwar nicht, aber
von hier aus kann
man ja flugs die
sehr feinen Motor-
radstrecken errei-
chen.

Ausflugslokal mit Biergarten

Adresse:
Geronimos Lodge,
Wilhelmsruh 7,
59519 Möhnesee-Neuhaus

Zeit:
tägl. 11.00 - 24.00 Uhr,
dienstags Ruhetag

Anfahrt:
auf der B 229 von Norden kommend den Möhnesee überqueren, etwa 2 km hinter der zweiten Brücke links abbiegen Richtung Neuhaus, der Straße folgen

Lage & Umgebung:

Atmosphäre:

Ausstattung:

Essen & Trinken:

Motorraddichte:

Showfaktor:

Geronimos Lodge   Möhnesee

Den tapferen Apachen-Häuptling gibt es an der Möhnetalsperre gleich zweimal. Die ehemaligen Betreiber des *Geronimo* in Delecke hat es tiefer in die Wildnis gezogen. Etwa 3 Kilometer südlich des Sees haben sie die *Geronimos Lodge* am Rande einer Ferienhaus-Siedlung eröffnet. Ob es in Zukunft hierhin ebenso viele Biker zieht wie an den alten Standort? Leicht zu finden ist die Lodge jedenfalls nicht, man muss schon ein wenig durch die Knüste kurven.

Wer sie aber gefunden hat und mit dem Wochenend-Camper-Ambiente keine nennenswerten Probleme hat, bekommt in der *Lodge* alles, was der hungrige und durstige Motorradfahrer so braucht. Darüber hinaus kann man in der *Lodge* auch jede Menge Schnickschnack kaufen.

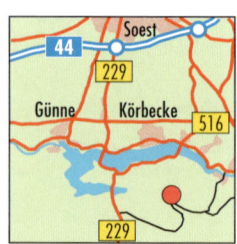

Geronimo

Möhnesee

Music-Café mit Küche und großer Terrasse

Adresse:
Geronimo,
Linkstraße 17,
59519 Möhnesee-
Delecke,
Tel: 02924 - 85 10 80

Zeit:
tägl. 11.00 - 24.00 Uhr,
Fr. u. Sa. bis 1.00 Uhr

Anfahrt:
von der B 229 in
Delecke auf die Link-
straße Richtung
Günne

Das Ur-*Geronimo* unter neuer Leitung ist fast so geblieben, wie es war. Offiziell nennt es sich zwar Music-Café, aber die etwas komfortorientierten Motorradfahrer zieht es nach wie vor zum großen Holzindianer, dessen Blick weit über den See streift. An seinem Fuße lässt sich auf der Holzveranda im Korbgestühl, etwas von der Straße entfernt, aber dennoch mit Blick aufs Wasser, ein gemütlicher Kaffee trinken.

Lage & Umgebung:

Atmosphäre:

Ausstattung:

Essen & Trinken:

Motorraddichte:

Showfaktor:

Wem *Wolf's Revier* etwas zu spartanisch ist, macht bei seiner Tour längs der Möhnetalsperre gerne in Delecke halt. Den *Geronimo* schätzen nicht nur die komfortverwöhnten BMW- oder Goldwingfahrer, sondern auch manch Harley-Rider greift hier gerne zur Karte, um einen stärkenden Imbiss aus der ordentlichen Küche zu ordern. Und was gibt es Schöneres, als dabei vom Logenplatz aus die ankommenden und abfahrenden Motorräder zu beobachten?

Touren rund um das Ruhrgebiet

Berg- und Talfahrt

Typ:	für jeden etwas – sehr viele Nebenstrecken
Geeignet für:	Cruiser, Tourer, Sportler
Rundkurs:	ca. 120 km ab Radevormwald
Timing:	halber Tag inklusive Pausen
Sightseeing:	wenig
Grünfaktor:	sehr hoch
Kurven:	reichlich
Biker-Dichte:	mittel, abschnittsweise hoch

Motorradtreffs auf dieser Tour:

 Bevertalsperre (Hückeswagen)

 Zornige Ameise (Hückeswagen)

 Landhaus Fuchs (Kürten)

 Unnenberg (Marienheide)

Mal ehrlich: Der *Segelflugplatz Radevormwald* an der B 483 taugt nur bedingt zum Motorradtreff. Als Ausgangspunkt dieser Tour ist er aber ein geeigneter, weil leicht zu findender und obendrein übersichtlicher Treffpunkt. Und wenn man den Rittern der Lüfte eine Weile zugeschaut hat, kommt das dringende Verlangen, selbst ein paar hübsche Schleifen und Kurven zu drehen. Also, rauf und los! Vom Flugplatz führt der Weg nach *Hückeswagen,* südwestliche Richtung, theoretisch immer über die B 483. Ortskundige Fahrer und Asphalt-Gourmets erkennt man daran, dass sie sich möglichst bald rechts oder links von der Bundespiste absetzen.

Tun wir es ihnen nach und fahren ab *Herweg* rechts über schöne, schmale Nebenstraßen und durch herrliche Natur, fast unbehelligt von Sonntagsfahrern

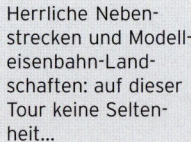
Herrliche Nebenstrecken und Modelleisenbahn-Landschaften: auf dieser Tour keine Seltenheit...

nach *Hückeswagen*. Die Ortsdurchfahrt ist erträglich, wie auch die meisten Ortsdurchfahrten auf dieser Tour. Aus Hückeswagen raus geht es über die B 237 Richtung *Wermelskirchen*. Bevor es öde wird, links ab und über kleine Straßen und durch kleine Käffer *(Strassweg, Lamsfuß, Wipperfeld)* nach Süden in den *Naturpark Bergisches Land.*

Ihr seid nicht allein, auch andere haben diese schönen Sträßchen entdeckt. Es gilt, nicht nur Kurven zu fressen, sondern auch mal nach links und rechts zu gucken: Entspanntes Fahren und die Sinne auf Empfang stellen lohnt sich wirklich, denn die Landschaft ist reizvoll. An *Olpe* vorbei (nein, nicht das große Olpe – das liegt 60 km weiter östlich!) und dann *Sülze* rechts liegen lassen, der Motorenlärm wird dichter und du befindest dich plötzlich zwischen Dutzenden Motorradfahrern, die alle das gleiche Ziel haben: *Landhaus Fuchs*. Hier kann man anhalten und einen Kaffee trinken (wenn er denn kommt, siehe auch Seite 76) und mit anderen über dasselbe reden – oder noch etwa 12 Kilometer weiterfahren und in *Lindlar* Station machen.

Kurz vor der Ortseinfahrt von Lindlar lädt das *Schloss Oberheiligenhoven* zu einem Kurzbesuch mit Erinnerungsfoto ein. In Lindlar selbst gibt es mehrere ganz nette Möglichkeiten, einen Kaffee zu trinken oder den kleinen Hunger zu bekämpfen. Und man sollte etwas Zeit mitbringen für einen kleinen Bummel durch das nette Städtchen mit seinen altbergischen Fachwerkhäusern.

Lindlar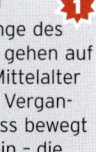

Die Ursprünge des Städtchens gehen auf das frühe Mittelalter zurück. Die Vergangenheit muss bewegt gewesen sein – die Ruinen von gleich drei Burgen aus dem

15. und 16. Jahrhundert sowie Schloss Oberheiligenhoven (Bild links oben) sind nur einige von vielen Zeugen früherer Jahre. Wer's pittoresk und historisch mag: Kirchen und Kapellen, deren Ursprünge bis ins 12. Jahrhundert zurückreichen, sowie zahlreiche alte Fachwerkhäuser sind sehenswert.

Rast am Aggersee

Ein schöner Platz liegt an der Staumauer, zumindest, wenn man es schattig und grün mag. Trotzdem sieht man Motorradfahrer hier selten. Etwas weiter nördlich, in Lantenbach, gibt es mehrere Möglichkeiten zur Rast mit Seeblick.
Fernab der Straße und ruhig sitzt man, wenn man hinter Bredenbruch rechts auf die Halbinsel zu den Aggersee-Terrassen fährt.
(Inselweg 11-13, Tel: 02261 - 2 37 88).

Aus Lindlar hinaus folgt man der Beschilderung nach *Marienheide*, kurz hinter dem Ortsausgang ist die neue Zielrichtung zunächst *Engelskirchen*. Nach wenigen hundert Metern geht es dann links ab und über *Remshagen, Bickenbach, Wallefeld* und *Strombach* führen gut ausgebaute Nebenstrecken mit ansprechendem Kurvenpotenzial Richtung *Gummerbach*, das wir südlich streifen. Als Orientierung folgen wir der Beschilderung Richtung Derschlag. und bevor wir dieses erreichen, geht es links ab über *Niedersessmar* und *Bernberg* zur *Aggertalsperre*. Der Stausee wurde 2002 vorübergehend trocken gelegt, hat eine steil abfallende Uferzone und lädt höchstens zu einem Spaziergang ein.

Über *Lantenbach* geht's dann durch dichten Wald auf schmalen Bergsträßchen Richtung Norden, wo die Route via *Dannenberg* über Nebenstrecken nach *Kierspe* führt. (Wer noch eine Rast braucht, sollte sich vor Dannenberg der Beschilderung zum *Unnenberg* anvertrauen, das Turmrestaurant ist ein beliebter Biker-Treffpunkt – siehe auch S. 75) Die oft leeren, aber gut geteerten und schön kurvigen Strecken verführen zu beschleunigter Gangart. Für überhöhten Blutdruck sorgen dann verirrte Ausflügler oder Einheimische auf dem Trecker, zu denen der gebotene Sicherheitsabstand nicht groß genug sein kann.

Entspannung findet, wer nicht nach Kierspe hineinfährt, sondern links durchs Gewerbegebiet abkürzt

Ein seltenes Bild: 2002 war die Aggertalsperre trocken gelegt. Wenn der Staudamm fit ist, wird das Tal wieder geflutet.

und sich dann der Beschilderung Richtung *Anschlag* anvertraut. Links des Weges liegt die *Kerspe-Talsperre*, angenehm ruhig und fernab von allem. Auf dem Weg nach Anschlag gibts dann noch mal das ein oder andere Postkarten-Sträßchen, das sich einen Wiesenhügel hinaufschlängelt oder geheimnisvoll einen Weg durch den dunklen Tann bahnt.

Genug der Pistenromantik, zunehmender Motorradverkehr gemahnt uns, wieder möglichst cool zu fahren. An der Ampel gilt der nickende Blick nach links und rechts und die lässig grüßende Hand wieder all denen, die mehr als 125 ccm chauffieren und auf Rädern mit mehr als 15 Zoll Durchmesser daherrollen. Motorradfahrern eben. Zunehmend reizloser wird es, je näher man *Radevormwald* kommt. Aber wollen wir die Kirche mal im Dorf lassen – hinter uns liegen über 100 Kilometer stellenweise phantastischer Strecke. Und das gar nicht mal so weit weg von unserer Haustür.

> Rund um die Kerspe-Talsperre führen viele kleine Wege zu einsamen Höfen – oder zu herrlichen Rastplätzen.

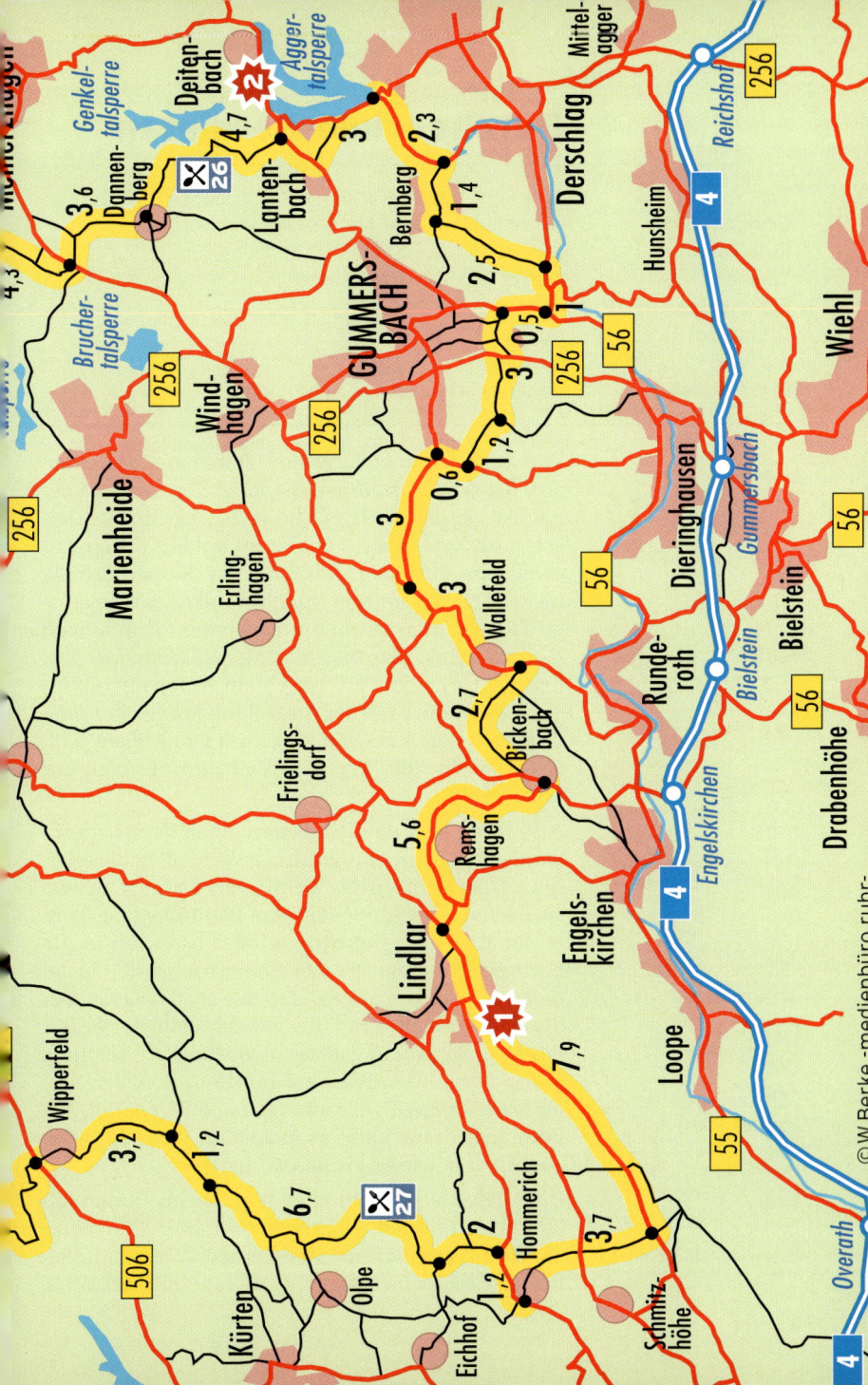

Durchs wilde Bergistan

Typ:	Tour über Nebenstrecken
Geeignet für:	Kurvenjunkies aller Motorradklassen
Rundkurs:	ca. 200 km ab Essen (Haus Scheppen)
Timing:	ganzer Tag inklusive Pausen
Sightseeing:	nicht viel
Grünfaktor:	sehr hoch
Kurven:	reichlich
Biker-Dichte:	wenig, abschnittsweise sehr hoch

Motorradtreffs auf dieser Tour:

 Haus Scheppen (Essen)

 Hubertushöhe (Essen)

 Schinderhannes (Wermelskirchen)

 Café Hubraum (Solingen)

in Reichweite:

 Merlin (Essen)

 Glörtalsperre (Breckerfeld)

 Landhaus Fuchs (Kürten)

 Mad Dog (Wuppertal)

Wie wär's mit einer Tagestour? Direkt ab Ruhrgebiet, also los geht's am *Haus Scheppen*! Von dort aus zunächst geradeaus ins schöne *Hespertal*. Tempogebremst kann man sich hier zumindest schon mal etwas einschwingen. Am Ende der Hespertalstraße nicht nach Velbert rein, sondern links, zwei knackige Serpentinen nehmen und wieder zurück nach *Essen* fahren. Allerdings nur bis zur *Hubertushöhe*, dort geht es rechts ab, vorbei am Autobahnzubringer A 44. Wenn es an der Ampelkreuzung weiter geradeaus auf dem kürzeren Weg nach *Langenberg* geht, erklären wir den Weg zum Ziel und die Welt zur Kurve.

Also links, über den Bergkamm hinab nach Langenberg und die Serpentinenstrecke genießen, die allerdings Rücksicht auf das Wohngebiet verlangt, in dem sie liegt. An der Ampel hinterm Bahnübergang dann rechts und erst die dritte wieder links, ab in die *Elfringhauser Schweiz*. Die Felderbachstraße bietet nettes Kurvenvergnügen, das nur an Wochenenden durch die herumeiernden Sonntagsausflügler gestört wird. In *Herzkamp* geht es dann links ab Richtung *Sprockhövel*. Allerdings nur für drei Kilometer, hinter *Schee* müssen wir rechts ab nach *Wuppertal*. Am Ende der Straße heißt es rechts auf die B 51, noch ein Stück näher an Wuppertal heran.

Über den Kreisverkehr noch hinüber, aber unmittelbar danach biegen wir am Gasthof „*Aal-Kate*" links ab. Hier fahren wir am Rande eines Wohn- und eines Gewerbegebietes, vorbei an einem Blitzkasten,

bis es schließlich an der Ampelkreuzung rechts ab nach *Schwelm* geht. Der Ort bleibt uns nicht erspart, also immer geradeaus bis zum Beginn der Fußgängerzone, ein kurzer Rechts-links-Haken und geradeaus hoch auf der B 483 raus aus der Stadt immer Richtung *Lüdenscheid*. Die Straße lässt sich prima fahren, und erst nach fünf Kilometern gilt es, linksseits Ausschau zu halten nach der spitzen Einmündung, die nach *Ennepetal* und zur *Kluterthöhle* führt.

Über eine herrliche, kleine Waldstraße kurven wir durch den Tann, knapp zwei Kilometer weit, dann geht's rechts ab nach *Rüggeberg*. Durch das kleine Örtchen fährt man vorsichtig und taucht bald wieder ab in den Wald, durch den sich die schmale Straße malerisch windet. In *Peddenöde* geht es rechts ab und die Faszination der kleinen Straße weiter.

Nachdem wir eine Weile längs der *Ennepe* gefahren sind, lassen wir bald deren Stausee rechts liegen, passieren das Bibelzentrum Breckerfeld und kommen dann ziemlich flott weiter gen Süden, wenn wir der doppelten Abzweigung nach *Meinerzhagen* rechts

Das Bergische Land hat viele Gesichter. Einfach mal stehen bleiben, gucken und genießen.

Bergische Kaffeetafel

Die originale Bergische Kaffeetafel wird nicht nur einfach verzehrt, sie wird zelebriert. Am besten im Kreis von Freunden oder der Familie. Zum Original gehören Hefestuten mit oder ohne Rosinen, Schwarz- und Graubrot, süßer Aufstrich (z.B. Rübenkraut), Quark, Käse, Wurst, Milchreis, Zwieback und natürlich frische Waffeln mit heißen Sauerkirschen.

Man isst in der Reihenfolge vom hellen zum dunklen Brot, legt reichlich drauf (z.B. aufs Weißbrot Butter, Rübenkraut, Milchreis) und schließt mit Zwieback oder Kuchen. Die Waffeln werden zwischendurch gefuttert, immer, wenn welche frisch auf den Tisch kommen. Wie der Name schon sagt, wird dazu Kaffee getrunken. Der Klassiker wird natürlich auf keinem Motorradtreff serviert, aber jeder gute Gasthof im Bergischen hat sie auf der Karte. Allerdings: Der ursprünglich üppige Festsschmaus ist heute leider oft auf ein Mini-Täfelchen geschrumpft.

folgen. Bald weist ein Schild nach *Buschhausen* rechts ab, und wir nehmen wieder Nebenstrecken unter die Räder. Und es gibt Sauerland unlimited! Nur durch verschlafene Fleckchen wie etwa *Kreisch*, *Ober-* oder *Niederbuschhausen* kurzfristig runtergebremst, darf man sich hemmungslos dem schmalen Asphaltband hingeben, von dessen Minimalismus weder Mittellinien noch Seitenstreifen ablenken. Wer es trotz flotter Fahrt noch wahrnimmt: Die Landschaft ist übrigens herrlich!

Am Ende des Traums biegen wir rechts ab, nutzen die B 229 aber nur ein paar Meter, weil es bei *Schwenke* wieder linker Hand eine viel schönere, kleine Straße gibt, die uns nach *Anschlag* bringt. Wieder geht es über Postkarten-Sträßchen durch eine Bilderbuchlandschaft. In Anschlag zunächst links Richtung *Halver* und schnellstmöglich wieder rechts ab Richtung *Mühlen-Schmidthausen*. Das Warnschild „Kurven auf 8 Kilometern" wird zur Verheißung und wahrlich: Die Straßenverkehrsbehörde hat nicht zuviel versprochen!

Wir streifen die Nordausläufer der *Kerspetalsperre*, passieren Mühlen-Schmidthausen und nähern uns *Kierspe*. Widersetzt Euch allen Hinweisschildern, die euch ins Ortszentrum locken, ebenso wie jenen, die Euch nach Meinerzhagen bringen wollen. Haltet Euch stur Richtung Süden, Kurs: *Eicken* und *Padberg*.

Die Durchfahrt durch ein Wohn- und ein Gewerbe-gebiet darf nach soviel herrlicher Strecke jetzt auch mal sein, außerdem ist es nicht mehr allzu weit zur B 237, auf der wir ein paar hundert Meter rechts run-ter fahren. Scharf links geht es bald ab nach *Wil-bringhausen*, selbstverständlich auf Nebenstrecken.

Bis September 2003 behindert noch eine Baustelle die Ortsdurchfahrt Wilbringhausen, von wo aus es zügig weitergeht nach *Holzwipper*. Hier zweigt die Route scharf rechts ab Richtung *Marienheide*. Längs der *Lingese-Talsperre* führt die Tour nach Marienhei-de, wo es zunächst links auf die B 256 Richtung *Gummersbach* geht. An der Ampel biegen wir dann rechts ab Richtung *Engelskirchen*, verlassen Marien-heide und können wieder beherzt am Gasgriff dre-hen.

In *Himmerkusen* halten wir uns rechts, immer noch Richtung Engelskirchen. Hinter *Erlinghagen* weist in einer langgezogenen Linkskurve ein kleines Schild auf *Schloss Gimborn* hin. Also in die Eisen und rechts abbiegen! Das schöne Schloss sollte man zumindest langsam passieren, oder es den vielen Motorradfah-rern gleichtun, die hier eine kurze Rast einlegen. Hin-ter dem Schloss geht es halblinks hoch und schon wieder verschluckt uns dichter Wald, durch den sich das winzige Sträßchen windet.

Bild links: Wer Neben-strecken liebt, wird auf dieser Tour bes-tens verwöhnt. Dazu noch herrliche Kur-ven - was will man mehr?

Schloss Gimborn

Selten ist man geball-ter Polizeimacht nä-her als am Schloss Gimborn. Aber keine Angst: Die Grünen greifen nicht ins Ver-kehrsgeschehen ein, sie sitzen hinter di-cken Mauern, lernen und diskutieren. In dem malerischen Schloss ist nämlich heute ein Informa-tions- und Bildungs-zentrum der Polizei untergebracht. Turbulent muss die Geschichte des Hau-ses gewesen sein. So wechselte das Schloss unzählige Male den Besitzer, und man erzählt sich erschröckliche Ge-schichten von blut-jungen Geistern, schwarzen Hunden und grünfüßigen Hühnern.

Begegnung in Bengelshagen: Vor der Bengelshütte treffen zwei Einspurfahrzeuge mit völlig unterschiedlichen Nutzungskonzepten aufeinander.

Durch verschlafene Käffer mit so klangvollen Namen wie *Kümmel* und *Bengelshagen* geht es auf winzigen bis winzigsten Nebenstrecken durch abwechslungsreiche und fein anzuschauende Landschaft. Wenn man Skeptiker zum Motorradfahren verführen wollte, sollte man es hier tun. Eine absolut stimmige Komposition aus Naturerleben, Fahrvergnügen und Kurvendynamik sorgt für ein breites Grinsen unterm Helm. Allerdings ist Vorsicht geboten, in den Waldstücken sind die Kurven kaum einsehbar, die Straße ist schmal und durch den fehlenden Mittelstreifen verirrt sich der ein oder andere Autofahrer schon mal auf die falsche Spur.

Bei *Dohrgaul* erreichen wir wieder die Zivilisation und folgen der abknickenden Vorfahrt links. Danach überqueren wir die Hauptverkehrsstraße, fahren stur geradeaus Richtung *Agathaberg* und tauchen wieder in die phantastische Welt der kleinen Waldsträßchen ein. Nicht nur wir, denn verdächtig viele Motorräder mit einem „K" am Heck verraten, dass es sich hier um ein Lieblingsrevier der Kölner Brüder und Schwestern handelt. Nachdem wir uns hinter Agathaberg am Ende der Straße links halten, geht es dann bald wieder rechts Richtung *Abstoss* und *Jörgensmühle*. Hinter Abstoss halten wir uns an die Richtung *Bergisch-Gladbach / Kürten*, erreichen Jörgensmühle und biegen schließlich rechts ab Richtung *Lamsfuß* und *Wipperfeld*.

Hinter Wipperfeld kreuzen wir die B 506, fahren weiter geradeaus Richtung *Boxberg* und erreichen nach einigen weiteren, süchtig machenden Kilometern hinter *Wickesberg* die L 68, auf der es scharf links nach *Dhünn* geht. Nachdem wir dieses passiert haben ist es nicht mehr weit nach *Wermelskirchen*, wo wir Abschied von den kleinen Straßen nehmen.

Wen es nach einer Stärkung gelüstet, der findet die Motorradfahrerkneipe *Schinderhannes* (siehe S. 72), wenn er hinter Dhünn links nach Dabringhausen abbiegt. Nach nur wenigen Hundert Metern kann man sich im Kreise Gleichgesinnter auf eine Tasse Kaffee niederlassen. Wer keine Pause braucht, fährt einfach weiter geradeaus nach Wermelskirchen, und dortselbst über die B 51 hinweg, vorbei an der Auffahrt zur A 1 mit Kurs auf *Schloss Burg*.

Diese lockt an schönen Wochenenden Tausende von Besuchern, die das Vorwärtskommen auf den Straßen deutlich erschweren. Wenn wir das Ende der Straße erreicht haben, setzen wir den Blinker rechts und sofort wieder links, im spitzen Winkel die Waldstraße hoch Richtung *Remscheid*. Mit diesem Schlenker können wir Remscheid zwar nicht umgehen, beschränken den urbanen Kontakt aber auf die Vororte. Dort stoßen wir auf die B 229, auf die wir links einbiegen Richtung *Solingen*.

Bevor wir auf die *Wupper* treffen, geht es rechts auf die L 74, die als autobahnähnliche Schnellstraße ausgebaut nach *Velbert* und *Essen* führt. Wer bislang immer noch nicht gerastet hat, sollte die Piste in *Solingen-Kohlfuhrt* noch einmal verlassen und ins *Café Hubraum* (siehe S. 70) einkehren. Alle anderen bleiben auf der L 74, die später zur B 224 wird und uns nach Velbert bringt, ziemlich genau dahin, wo unsere Tour begann.

Schloss Burg

Das Bergische Land heißt nicht etwa so, weil es hier hügelig ist, sondern es ist benannt nach den Grafen von Berg. Und jene errichteten dereinst im Mittelalter Schloss Burg. Die imposante Burganlage, eine der größten Deutschlands, wurde vor rund 100 Jahren restauriert und wieder aufgebaut. Wer sich für Adel und Rittertum, Leben und Überleben im Mittelalter interessiert, wird im Bergischen Museum in der Burg auf seine Kosten kommen.

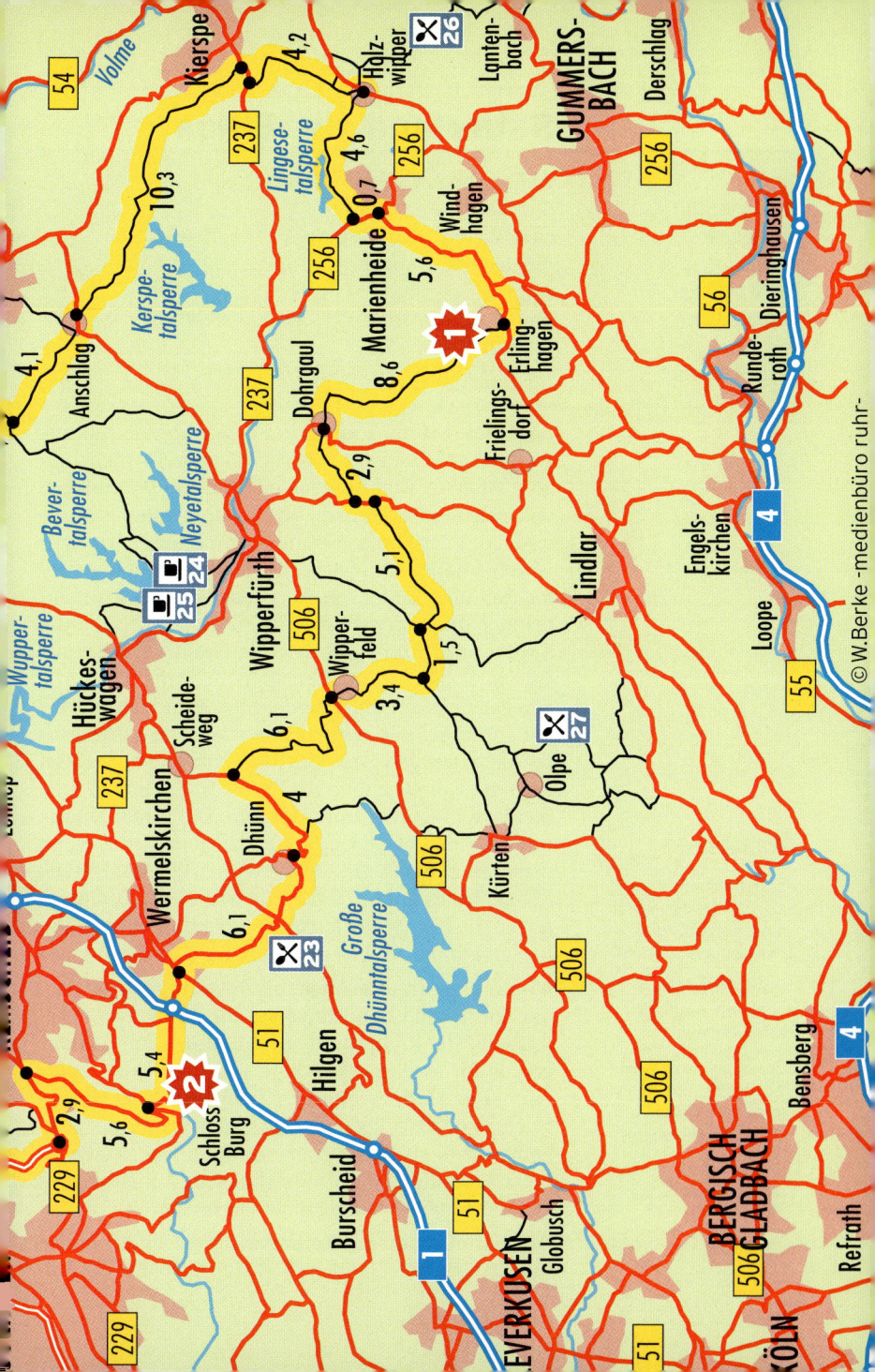

Sauerland für Eilige

Typ:	zügige und abwechslungsreiche Tour
Geeignet für:	Sportler, Tourer, Cruiser
Rundkurs:	ca. 145 km ab Glörtalsperre (Breckerfeld)
Timing:	drei bis vier Stunden
Sightseeing:	fast nix
Grünfaktor:	hoch, mit Ausnahme der Ortsdurchfahrten
Kurven:	gute Mischung
Biker-Dichte:	wenig, rund um die Talsperren mittel

Sauerland

Sauerland, mein Herz schlägt für das Sauerland, begrabt mich mal am Lennestrand.

Wo die Misthaufen qualmen, da gibt's keine Palmen.

Sauerland, mein Herz schlägt für das Sauerland, vergrabt mein Herz im Lennesand.

Wo die Mädchen noch wilder als die Kühe sind.

(Text & Musik: Zoff, '83)

Beginnen wir die Tour an der *Glörtalsperre*. Auf uns warten 145 Kilometer Sauerland voller Abwechslungen. Also los Richtung Osten! Auf die B 54 biegen wir rechts ein, fahren ein Stück durch *Schalksmühle* und halten uns links, wenn es nach *Heedfeld* und zur Autobahnausfahrt abgeht. In Heedfeld heißt es weiter Richtung Lüdenscheid, vorbei am Autobahnzubringer bis *Lüdenscheid-Gevelndorf*, wo links die Straße *Im Grund* abzweigt. Die Ortsdurchfahrt Gevelndorf bleibt uns nicht erspart, an ihrem Ende biegen wir links auf die *Altenaer Straße* und fahren vorbei an *Rathmecke* nach *Grünewiese*. Das klingt besser als es aussieht – und in *Mühlenrahmede* verlässt man die wenig schöne Altenaer Straße, indem man rechts abbiegt Richtung *Werdohl*. Die Straße wurde unlängst neu gebaut, müsste aber fertig sein, wenn dieses Buch erscheint. Das erste richtig schöne Stück kleine Straße kommt jetzt unter die Räder. Breit und gut ist die Piste wahrlich nicht, aber die Natur drumherum stimmt und es gibt kein Tempolimit!

Also immer drauf bleiben, bis es in *Wettringhof* wieder bergab und dann links auf die B 229 geht. Weiter heißt die Richtung Werdohl, und wenn wir uns gerade für eine angekündigte 180-Grad-Kurve noch einmal lockern, zwingt uns Tempo 30 in die Eisen. Nach der Kurve hochschalten lohnt kaum noch, es geht rechts ab Richtung *Herscheid*. Die Straße ist zwar schmal, aber gut einsehbar, und man darf es ganz legal wieder zügig angehen lassen.

Auch wenn man am Ende der Straße links abbiegt in Richtung Herscheid, gibt's keine rot-weißen Schil-

Wo Wasser fließt, sind auch Mühlen: Ein besonders interessantes Exemplar östlich von Lüdenscheid steckt zur Hälfte im Erdreich.

der. Eine Blitzanlage überwacht hier allerdings Tempo 100. Die Ortsdurchfahrt Herscheid ist kurz und schmerzlos, zunächst Richtung *Valbert / Reblin* halten und dann links abbiegen und längs der *Östertalsperre* die Richtung *Plettenberg* nehmen. Erst wenn das erreicht ist, muss man rechts abbiegen um nach *Heggen* zu kommen. In Plettenberg fällt auf, dass hier der Industriezweig „Stahlverformung" zu Hause ist. Vielleicht fahren ja auch Motorräder mit Bauteilen aus Plettenberg durch die Gegend?

Für die etwas zähe Ortsdurchfahrt wird man doppelt entschädigt: Auf dem Weg nach Heggen mag wer will wieder beherzt Gas geben. Die Strecke bietet wunderbare Ausblicke und feine Kurven durch den dichten Tann. Sicherlich eines der Highlights dieser Tour. Das allerdings in Heggen vorläufig zu Ende ist. Hier geht es erst links ab nach *Finnentrop*, dann rechts nach *Attendorn* und hinter der Brücke rechts auf die Rampe, die nach *Dünschede* ausgeschildert ist. In Dünschede hält man sich rechts Richtung *Helden*, und während man die Ortschaft mit dem wunderschönen Namen rechts liegen lässt, ist man schon längst wieder ins Sauerland par excellence eingetaucht.

In *Oberveischede* muss man für ein kurzes Stück rechts ab auf die B 55, bis ein Wegweiser rechts zum *Biggesee* zeigt. Und auch die Strecke zur Bigge runter macht Spaß. Unten angelangt, muss man mehr-

Motorradtreffs auf dieser Tour:

 22 Glörtalsperre (Breckerfeld)

 28 Bigge Grill (Attendorn)

in Reichweite:

 26 Unnenberg (Marienheide)

 29 Sorpesee (Sundern)

mals abbiegen, wobei man einfach den Schildern nach *Attendorn* folgt. Zwischenstopp gefällig? Dutzende von Gasthäusern haben unterwegs Tische und Stühle vor ihren Türen stehen, aber der richtige Biker hält natürlich beim *Bigge Grill* (siehe auch Seite 77).

Wieder auf dem Mopped geht es noch mal übers Wasser und dann links Richtung *Meinerzhagen / Valbert*. Der See zur Linken ist jetzt nicht mehr die Bigge- sondern die *Listertalsperre*. An schönen Sonntagen verstopfen Autos hier die Straße, nach Feierabend kommt man halbwegs zügig voran. Gerade, wenn man das Wasser aus dem Augenwinkel verloren hat, geht es rechts ab Richtung Valbert. Einige Bauernhöfe später wird Valbert dann nach links ausgeschildert, und wenn man an diesem Ort fast vorbei ist, biegt man links ab, um über Rampe und Brücke nach Norden Richtung *Herscheid* zu fahren.

Die einstige Paradestrecke über die *Nordhelle* mit schönen langgezogenen Kurven ist heute ein Bild des Jammers, aufgerissener Belag und Löcher, da kann man sich noch nicht mal über das Tempolimit ärgern. Bei *Reblin* geht es dann links Richtung *Lüdenscheid*. Ein paar Kilometer Gas geben und dann folgsam an der wunderschön gelegenen Versetalsperre längs zockeln – ist o.k., schließlich ist die Natur hier mehr als einen Blick wert.

Wer jetzt schnell wieder ins Ruhrgebiet möchte, nimmt die A 45. Wer noch etwas Landstraße braucht, fährt hinter der Autobahnauffahrt links Richtung

Ein Kleinod unter den Wasserspeichern im Sauerland ist die Versetalsperre. Wer hier absteigt und ein wenig spazieren geht, macht fast die Tür zur Zivilisation hinter sich zu. Und damit Ruhe und Beschaulichkeit nicht zu sehr gestört werden, gibt's rund um den See scharfe Tempolimits.

Meinerzhagen und sollte aufpassen, dass er nach etwa 4,5 Kilometern nicht die Straße rechts ab nach *Fernhagen* und *Belkenscheid* verpasst. Doch, doch, hier kann man langfahren, ein Linienbus tut das gelegentlich auch. Nach fast fünf Kilometern durch die märkische Wildnis mündet die winzige Straße in die B 54, die es rechts hoch nach *Hagen* geht. In *Oberbrügge* heißt es aber bereits: links ab nach *Halver*.

Als Alternative: Wer unbedingt noch etwas Sightseeing braucht, sollte sich einen guten Grund einfallen lassen, um eine Anwohnerstraße zu befahren. Dass diese Straße kilometerweit völlig einsam durch schönste Natur führt, macht die Gewissensqual noch größer. Aber vielleicht muss man dringend *Schloss Neuenhof* einen Besuch abstatten, das nur über diese Straßen zu erreichen ist. Dorthin kommt man, wenn man hinter der Autobahnauffahrt Lüdenscheid-Süd wie oben links abbiegt, aber sofort wieder rechts in die *Brenscheider Straße* fährt.

Hinter'm Schloss geht es weiter auf winzigen Wegen, wenn man der Gabelung links folgt. Der kleine, feine Kurventraum hat sein Ende erst an der B 54, auf der es links bis *Oberbrügge* geht, wo wir auf alle diejenigen treffen, die den legaleren Weg gefahren sind. Also gemeinsam wieder auf nach *Halver*. An der ersten Kreuzung geht es dort rechts, um dann über ein paar Meter B 229 eine Abzweigung nach rechts Richtung *Breckerfeld* zu finden. Von hier aus ist es nicht mehr weit bis zum Ausgangspunkt *Glörtalsperre*.

Seen und gesehen werden

Typ:	Kurventour mit Talsperren und viel Abwechslung
Geeignet für:	Sportler, Tourer, Cruiser
Rundkurs:	ca. 155 km ab Hemer (Autobahnanschluss A 46)
Timing:	halber Tag inklusive Pausen
Sightseeing:	wenig
Grünfaktor:	hoch
Kurven:	sehr reichhaltiges Angebot
Biker-Dichte:	mittel bis hoch

Balve ❶

Das kleine Flüsschen *Hönne* hat in und um Balve einige nette Hohlräume ins Gestein gespült. So zum Beispiel die *Reckenhöhle* (Bild), durch die man einen halben Kilometer weit laufen und dabei auf Tropfsteinformationen mit kuriosen Namen wie „Schweineohren" oder „gebratenes Hähnchen" stoßen kann. Die *Balver Höhle* ist das wichtigste Veranstaltungszentrum weit und breit. Der unterirdische Felsendom fasst einige hundert Besucher und ist Austragungsort von Theater- und Musikveranstaltungen.

Ein markanter Einstiegspunkt zu dieser Tour ist *Hemer*, das man am schnellsten über die A 46 ab *Hagen* erreicht. Am Ende der A 46 halten wir uns links Richtung Hemer und zockeln mit dem Autoverkehr langsam ostwärts. Hier Meter machen zu wollen, lohnt kaum. Die Herausforderung adrenalinfördernder Überholmanöver kann man später noch suchen.

In Hemer heißt es rechts abbiegen Richtung *Werdohl*. Da wir dort aber nicht wirklich hinwollen, halten wir uns nach 1,7 Kilometern links mit Ziel *Balve*. Die merkwürdige Straßenführung der *Honnetalstraße* zwingt uns an deren vermeintlichem Ende zu einer Links-Rechts-Kombination, und parallel zu einer Werkseisenbahn-Linie geht es dann durch den Stadtteil *Deilinghofen* endlich in die freie Wildbahn. Aufatmen und Gas geben! Was aber zunächst nur für knappe drei Kilometer gilt.

Auf die B 515 geht es dann rechts ab, weiterhin Richtung *Balve*. Da wollen auch viele Autofahrer hin, die den Fahrspaß über die wunderschöne Kurvenstrecke längs der *Hönne* empfindlich einbremsen. Wer regelkonform fährt, seufzt tief durch und darf sich an den landschaftlichen Reizen freuen. In *Volkringhausen*, kurz vor der Ortseinfahrt von Balve, geht es dann links ab auf die B 229 Richtung *Sorpesee*. Erst durch *Beckum* und dann beschwingt wieder ins Grüne!

In einer langgezogenen Linkskurve zweigt rechts eine kleine Straße ab zum Sorpesee und nach *Langscheid*. Besser als die Bundesstraße, viel besser! Einige Serpentinen prüfen unsere Kurventechnik, Felder und

Wald im unterhaltsamen Wechselspiel – so könnte es Stunden weitergehen. Was es aber leider nicht tut, denn Langscheid liegt im Weg. Die Ortsdurchfahrt endet fast an der Staumauer des Sorpesees, der sich, wie man unschwer merkt, bei Motorradfahrern einer gewissen Beliebtheit erfreut.

Rechts abbiegen und längs des Seeufers zockeln, in eines der Ausflugslokale einkehren oder sich bei *Stavros* (siehe auch Seite 78) neben Dutzende anderer Motorradfahrer zu stellen ist Pflichtprogramm. Dass man an Talsperren im Sauerland nie schnell fahren darf, gilt natürlich auch für die Sorpe. Geschwindigkeitsbegrenzungen begleiten uns bis *Amecke* an der Südspitze der Talsperre. Hier geht es zunächst links, und etwa 1,4 km weiter wieder rechts immer Richtung *Plettenberg*. Und ab *Allendorf* heißt die Zielrichtung dann *Finnentrop*, also links halten.

Jetzt gibt's wieder Sauerland vom Feinsten. Eine herrliche Strecke mit schönen Kurven inklusive Serpentinen und Spitzkehren erfreut die Sportler mehr als die Cruiser – aber egal, wie schräg man da durchfährt, Spaß macht's bei fast jedem Tempo. In *Rönkhausen*

Tolle Strecken, tolle Landschaft: Rund um den Sorpesee geizt das Sauerland nicht mit seinen Reizen.

Motorradtreffs auf dieser Tour:

 Sorpesee (Sundern)

 Geronimo (Möhnesee)

 Wolf's Revier (Möhnesee)

in Reichweite:

 Geronimos Lodge (Möhnesee)

 Bigge Grill (Attendorn)

Licht- und Schatten-
spiele: dunkle Wald-
durchfahrten und
strahlende Sonne am
Ende des Tunnels. Ein
faszinierenndes Er-
lebnis auf vielen klei-
nen Straßen des Sau-
erlandes. Aber auch
nicht ganz ungefähr-
lich.

Faule Butter

Bewohnern des
Sauerlandes wird ein
ganz eigenartiger
Humor nachgesagt.
Nachprüfen kann
man es in Kneipen
abseits der Touristen-
zentren. Aber auch
auf unserer Tour be-
kommt man eine Ah-
nung davon. Leute,
die ihre Berge und
Hänge *Kahler Asten,
Baukloh* oder *Wilde
Wiese* nennen, schre-
cken auch nicht da-
vor zurück, ihre Ort-
schaften so zu tau-
fen:

- Faulebutter
- Schliprüthen
- Dickenbruch
- Mittelneger
- Unterneger
- Siedenstein
- Helden
- Niederhelden
- Leckmarte
- Schwartmecke
- Mosebolle
- Niedereimer
- Rohland

hat der Zauber ein vorübergehendes Ende. Zugabe gefällig? Dann in Rönkhausen links ab auf die B 236 und die nächste Möglichkeit wieder links ab und runter von der Bundesstraße.

Weiter geht das Kurvenkarussell, immer Richtung *Eslohe*. Einmal muss man links abbiegen, die Richtung bleibt und statt durch den Wald geht es nun über sanfte Kammrücken immer weiter Eslohe entgegen. Wer schräge Ortsnamen sammelt, wird jetzt fündig: Spätestens wenn wir durch *Faulebutter* fahren, wissen wir: Mehr Sauerland geht nicht! Vorbei an *Schliprüthen* heißt es dann noch einmal rechts abbiegen, und bald reiten wir in Eslohe ein.

Hier fahren wir links auf die B 55, bleiben auch stur drauf, wenn sich diese südwärts biegt, erst über *Bremke* und *Reiste* wieder ihren Weg nach Norden findet und schließlich den *Hennesee* erreicht. Längs des Stausees geht es immer noch auf der B 55 weiter nach *Meschede*. Die Ortsdurchfahrt bietet keine positiven Reize, lässt sich aber leider kaum umgehen. Immer auf der B 55 bleiben, zweimal mit ihr abknicken und nach Norden raus Richtung *Warstein*.

Drei Kilometer hinter der Ortsausfahrt und der Autobahnauffahrt zur A 46 geht es dann links ab Richtung *Hirschberg*. Jetzt befinden wir uns auf einer der Sauerland-Motorrad-Paradestrecken: Wer das Knieschleifen beherrscht und Tempolimits nur als unverbindliche Empfehlungen ansieht, lässt es auf diesem Streckenabschnitt richtig brennen.

An Hirschberg geht es links vorbei, aber im Ortsteil Bache biegen wir rechts ab auf eine schöne Nebenstrecke, die uns aufs Feinste nach Norden Richtung Möhnesee bringt. Die Beschaulichkeit hat spätestens in *Eickhoff* ihr Ende, wenn wir uns in den dichter werdenden Verkehr links ab Richtung *Körbecke* einfädeln. Ob wir am dicht befahrenen Nordufer entlang fahren oder bei *Stockum* ans Südufer des Möhnesees wechseln, ist Geschmackssache. Flott kommt man auf beiden Wegen, vor allem an schönen Wochenenden, definitiv nicht voran. Durstige und hungrige Piloten haben jetzt die Qual der Wahl: Puristen machen in *Wolf's Revier* fest, Komfortverwöhnte nehmen bei *Geronimo* Platz und wer die Abgeschiedenheit sucht, steuert einige Kilometer südlich des Möhnesees *Geronimos Lodge* an (siehe S. 79 - 81).

Die Herausforderungen an den Heimweg sind nicht mehr allzu hoch. Wer's kurz und bündig machen will, fährt der Beschilderung folgend nach Norden und hängt sich auf die A 44 gen Dortmund. Wer noch ein wenig bummeln will, tut dies über *Körbecke*, *Delecke* und *Günne* westwärts Richtung *Neheim-Hüsten*. In Neheim stößt man auf die B 7 Richtung *Menden*. Als Alternativstrecke empfiehlt es sich, die B 7 in *Wimbern* wieder zu verlassen und links abzubiegen. In Menden stoßen wir wieder auf die B 7, die dann links Richtung *Hemer* ausgeschildert ist. Den Autobahnzubringer zur A 46 kann man dann nicht mehr verfehlen.

Noch mehr Kurven?

Könnt ihr haben! Ab Hirschberg muss man nicht zwangsläufig Richtung Möhnesee fahren. Wer hier Kurs Arnsberg nimmt, wird an Hand des deutlich erhöhten Motorradaufkommens merken, dass er sich auf einer ausgesprochen populären Moppedstrecke befindet. Während man auf dieser Strecke den Tacho nicht permanent im Blick haben muss, ist beim Ochsenkopf Vorsicht geboten: Die scharfen Tempolimits werden nicht selten überwacht. Zu viele hat es auf dieser Paradestrecke schon aus der Kurve gehauen. Doch trotz aller Beschränkungen sollte man mal drüber gefahren sein. Man erreicht ihn, wenn man in Arnsberg die kürzeste Strecke nach Sundern wählt.

Die Berge des Sauerlands sind alt, verdammt alt. Welch majestätische Ruhe die Oldies ausstrahlen, merkt man erst, wenn man oben mal den Helm abnimmt.

Großer Bogen um Coesfeld

Typ:	flotte Rundtour, einige Nebenstrecken
Geeignet für:	Tourer, Cruiser, Roller
Rundkurs:	ca. 100 km ab Haltern
Timing:	halber Tag mit Pausen, Feierabendrunde für Heizer
Sightseeing:	Burgen, Klöster, Kirchen
Grünfaktor:	hoch
Kurven:	wenig, einige Abschnitte ganz o.k.
Biker-Dichte:	gering

Eigentlich könnte man diese Tour „Rund um Coesfeld" nennen. Wobei der Kreis um besagte Stadt ein ziemlich großer ist: Ziemlich genau 100 Kilometer sind (zuzüglich Anfahrt) die ideale Streckenlänge für eine Halbtagestour mit ausgiebigen Stopps. Oder für eine verdammt schnelle Feierabendrunde. Je nachdem, wie man es sieht, oder wie man zur Leistungsfähigkeit seines Motorrades steht.

Aus dem Ruhrgebiet kommend, also von Süden aus, beginnen wir die flotte Runde durch das westliche Münsterland am *Drügen-Pütt* (siehe auch S. 60). Von hier aus geht es zunächst über *Lavesum* nach *Reken* in all seinen Facetten. Die Ortsdurchfahrt *Klein Reken* zwingt zum Linksabbiegen, will man nicht eine Einbahnstraße gegen den Strich bürsten. Die nächste ordentliche Möglichkeit, nach der Ortschaft rechts abzubiegen, sollte man nutzen. Auf gut ausgebauter Straße lässt man dann *Bahnhof Reken* rechts liegen.

Die Ortsdurchfahrt von *Groß Reken* bleibt uns leider nicht erspart. Im Ort geht es zunächst links ab Richtung *Borken* und *Heiden*, nach 500 Metern zweigt rechts die Straße nach *Velen* ab, unserem nächsten Zielpunkt. Ab dem Groß Rekener Ortsausgang beginnt das Münsterland dann auch all denen Spaß zu machen, die ihre Drosselklappen gerne mal senkrecht stellen. Zwar gibt es immer wieder Tempolimits, die den forschen Ritt einbremsen – aber man darf auch mal ordentlich Gas geben.

Die Ortsdurchfahrt *Velen* ist kurz und schmerzlos, die Orientierungsrichtung heißt nun *Gescher*. Bevor

Velen ❶

Der Großteil der Burg Ramsdorf ist ein 300 Jahre alter „Neubau". Die älteren Teile des Gemäuers standen hier allerdings schon, lange bevor Kolumbus nach Amerika segelte. Wer sich für alte Steine, Vor- und Frühgeschichte interessiert, sollte sich die Burg mitsamt Museum einmal näher ansehen. (In Velen links ab Richtung Ramsdorf, Beschilderung)

wir dieses Städtchen erreichen, grüßt linker Hand die *Route 67* (siehe S. 65), ein ausgesprochen beliebter Motorradtreff, dem man durchaus einen Besuch abstatten sollte. Die Motorräder werden zwischen Terrasse und Biergarten, quasi auf offener Bühne, geparkt – und entsprechend vom Publikum begutachtet. Wer lieber keine Wertungsnote will, kann sein Bike auch ein paar Meter neben dem Haus abstellen ...

Wer's ruhig angehen lassen will, findet unterwegs immer wieder ein lauschiges Plätzchen.

Münsterland zwischen Nostalgie und Romantik: rechts der 100 Jahre alte Longinusturm, Seite 113 unten eine Blumenwiese bei Lembeck.

Billerbeck

Das Münsterland ist fromm, keine Frage. Und Billerbeck ganz besonders. Auf der städtischen Website (www.billerbeck.de) kann man die Glocken des **Ludgerus-**

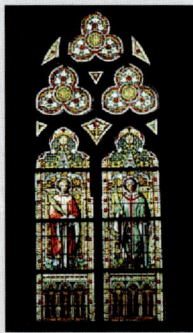

Doms und der **Johanniskirche** läuten lassen. Wer sie live hören möchte, sollte das Motorrad für einige Minuten der Ruhe und Einkehr abstellen. Auch die benachbarte **Benediktiner-Abtei Gerleve** ist besuchenswert.

Nach einem Kaffee oder stärkenden Imbiss geht es weiter, zunächst ein paar Hundert Meter links Richtung *Gescher*, sofort auf die Zufahrt zur B 525 Richtung *Coesfeld*, und nach wiederum wenigen Hundert Metern unmittelbar hinter der Autobahnauffahrt links ab in eine kleine Straße Richtung *Tungerloh-Capellen*. Bauernhöfe, Äcker und Weiden bestimmen das Bild, Autos sind hier eher seltener anzutreffen.

An der L 571 geht es rechts ab Richtung *Rosendahl*. Wer möchte, kann auf dieser Straße bleiben, der schönere Weg nach Rosendahl führt allerdings auf einer Nebenstrecke über *Höven*. Um auf diese zu gelangen, muss man nach etwa 2,5 Kilometern die L 571 wieder verlassen und rechts abbiegen. Zehn Kilometer Natur pur und eine sanft geschwungene Straße versprechen Lustgewinn für alle Fraktionen vom sportlichen Piloten bis zum gemütlichen Cruiser.

In Rosendahl hat uns die L 571 wieder, auf der wir den Ort durchqueren, um dann halblinks nach *Darfeld* weiter zu fahren. Dort geht es mitten im Ort rechts ab in die Billerbecker Straße, natürlich Richtung *Billerbeck*. Da im Münsterland jede Kurve angesagt wird, dürfen wir uns bald auf eine langgeschwungene S-Kurve freuen. Aber bevor die bisher wenig beanspruchten Reifenflanken warm werden können, tuckern wir durch Billerbeck und halten uns an die Ausschilderung Richtung *Havixbeck*.

Etwa zwei Kilometer hinter dem Ortsausgang zweigt rechts eine kleine Straße ab, die zum *Longinusturm* führt, ein weiterer Motorradtreff rund um einen geschichtsträchtigen Aussichtsturm (siehe auch S. 66). Die Auffahrt auf den höchsten Punkt des Münsterlandes lohnt sich, hier trifft man sich ganz entspannt und genießt die schöne Natur rundum.

Auf kleinen Straßen geht es dann weiter Richtung *Nottuln*. Die Ortsdurchfahrt und ein paar Meter auf der B 525 bleiben uns nicht erspart, und bald geht es weiter Richtung *Dülmen* und *Buldern*. Etwa zwei Kilometer hinter der Ortsausfahrt geht es zunächst rechts, nach 600 Metern in *Niehues* wieder links Richtung *Rorup*. Noch mal gibt's einige Kilometer feines Münsterland. In Rorup heißt es dann links ab Richtung *Dülmen*, und spätestens wenn man dort die L 551 nach *Haltern* erreicht, erfüllt die Strecke nur noch Zubringerdienste. Entweder auf die A 43 Richtung Ruhrgebiet – oder auf der Hauptverkehrsstraße nach Haltern zum Ausgangspunkt dieser Tour, zum Drügen-Pütt.

Motorradtreffs auf dieser Tour:

 Drügen-Pütt (Haltern)

 Route 67 (Gescher)

 Longinusturm (Nottuln)

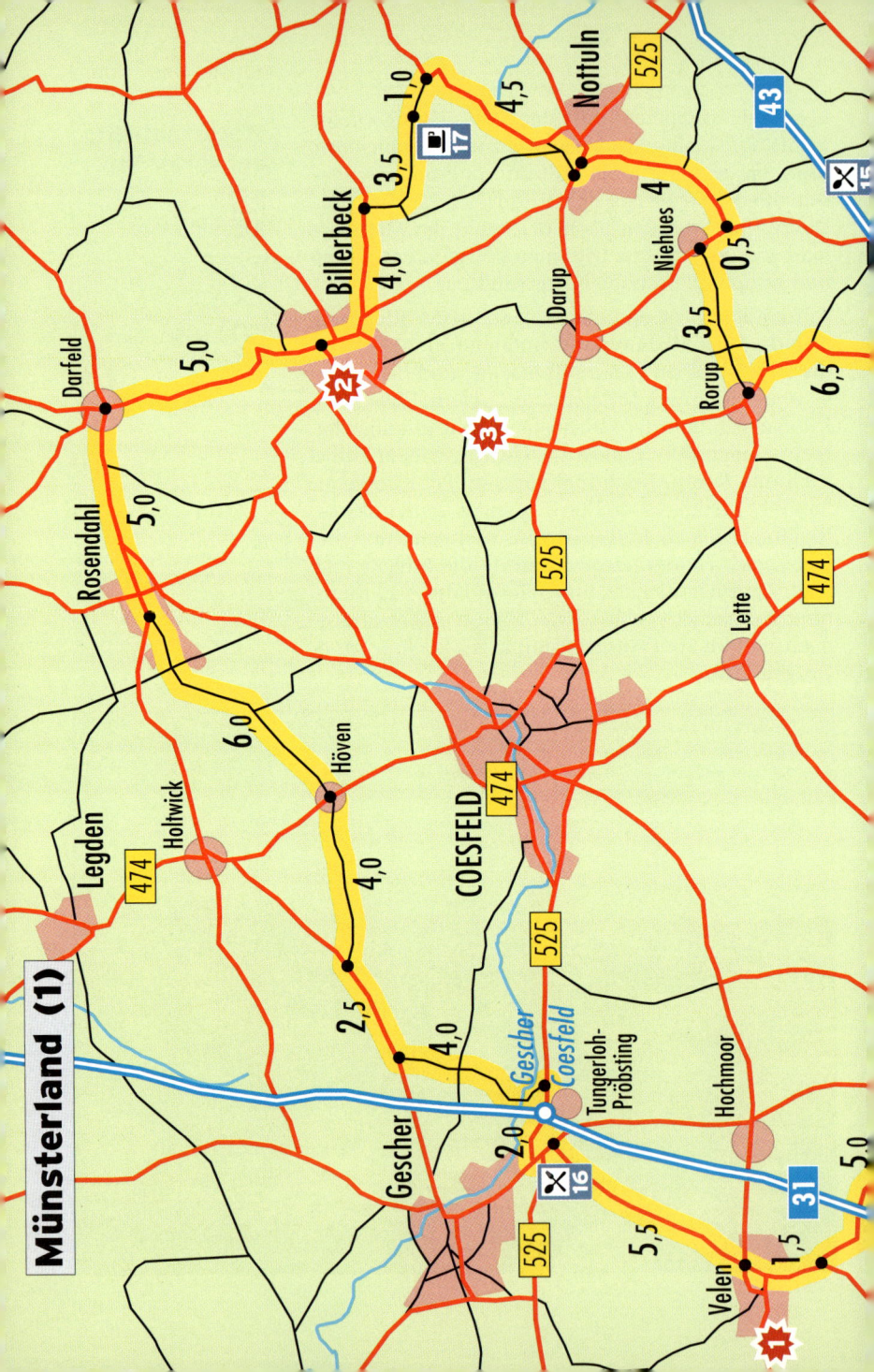

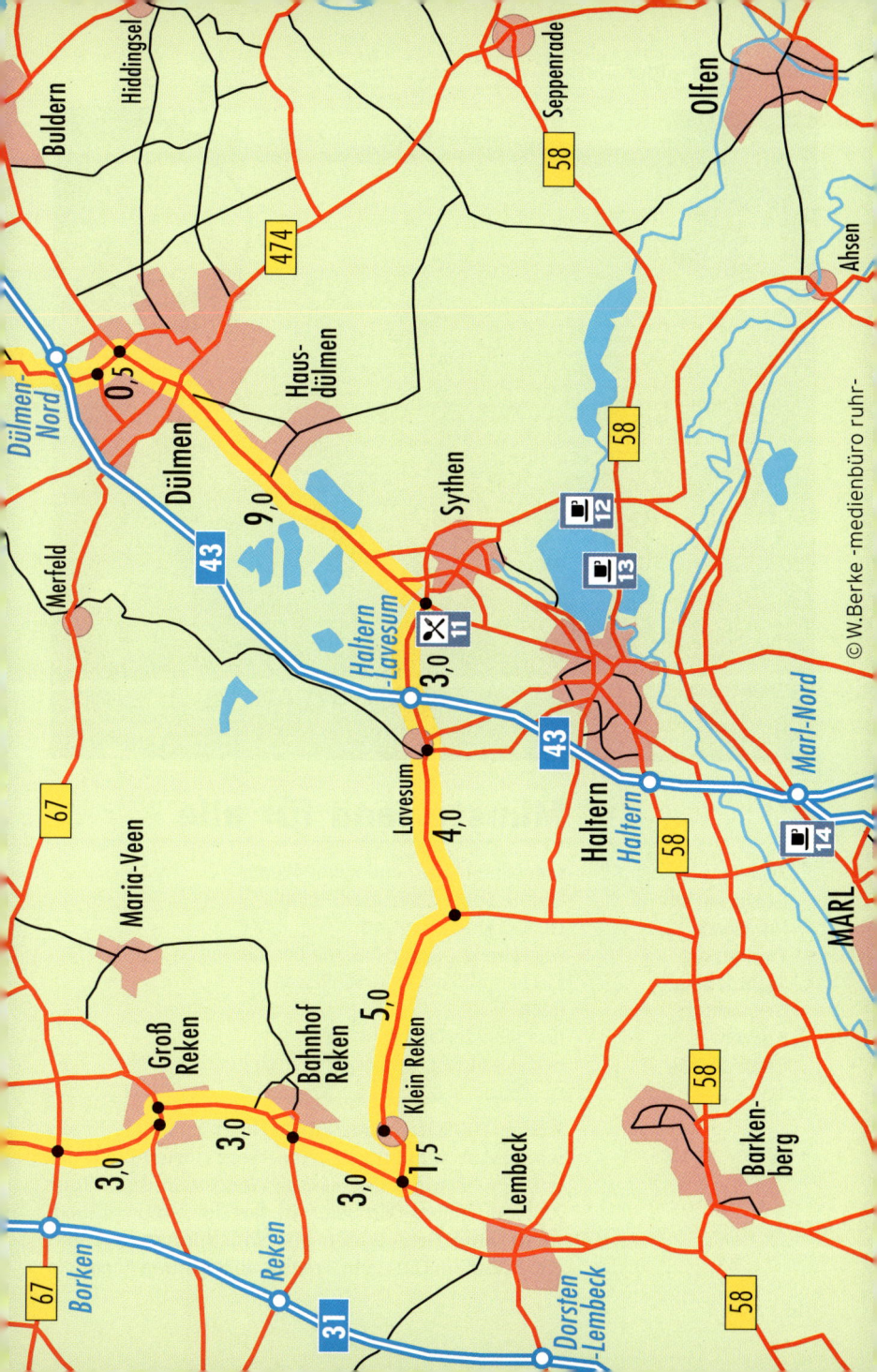

Münsterland für alle

Typ:	schnelle Straßen und kleine Wege
Geeignet für:	Tourer, Sportler, Cruiser, Roller
Rundkurs:	ca. 100 km ab Haltern
Timing:	Feierabendtour für Fixe, halber Tag mit Stopps
Sightseeing:	Kirchen, Klöster und Schlösser
Grünfaktor:	hoch
Kurven:	fürs Münsterland sehr o.k.
Biker-Dichte:	mittel, auf Nebenstrecken gering

Knapp 100 Kilometer Münsterland gefällig? Mit ein wenig Abwechslung? Kleine Wege dürfen auch dabei sein? Dann aufgesessen! Wenn man diese Tour z.B. am *Drügen-Pütt* beginnt, darf der Motor sich bei moderaten Drehzahlen bis *Hausdülmen* erst mal warm laufen. Dort geht's rechts ab Richtung *Flugplatz*

Borkenberge, und nachdem die Siedlung hinter uns liegt, mit deutlich weniger Autoverkehr ins richtig ländliche Münsterland.

Auf den schmalen, auch sonntags fast leeren Straßen geht's entlang des Flugplatzes, an der nächste Kreuzung links wieder in nordöstlicher Richtung und bald auch ohne Tempolimit. Witzigerweise scheint für diesen Teil des Münsterlandes zu gelten: Je schmaler die Straße, desto höher das erlaubte Tempo. Soll uns recht sein! Allerdings mit der gebotenen Vorsicht, denn schließlich kennt man auch hier den gemeinen Ackerschlepper, der bisweilen ohne Vorwarnung von seinem Arbeitsterrain auf den Asphalt eiert und dort unangenehme Spuren hinterlässt.

Die B 474 wird zügig überquert, an der nächsten größeren Kreuzung geht's links, und dann sofort wieder rechts ab. Kein Schild weist auf *Hiddingsel* hin, die Straße ist jetzt ein richtig schmaler Weg. Ihr habt euch nicht verfahren, hier geht's wirklich nach Hiddingsel und auch der Asphalt wird euch lückenlos begleiten. Nach etwa drei Kilometern ist man dann wieder in der Zivilisation. Wer sich in *Buldern* der Ausschilderung zur Freizeitanlage Bulderner See anvertraut, verlässt zwar diese Route, kann sich aber bald in der *Biker's Farm* (siehe auch S. 64) niederlassen.

Sag einer, im Münsterland gebe es keine schönen Seen! Links der Halterner Stausee, unten der Bulderner See und der benachbarte Motorradtreff Biker's Farm.

Stille Einkehr statt Motorenlärm: Nicht weit von der Freizeitanlage Bulderner See entfernt kann man das ehemalige Kloster Karthaus besuchen (Beschilderung folgen). Im einstigen Nonnenstift ist heute u.a. eine kleine Gastronomie zu Hause.

117

Motorradtreffs auf dieser Tour:

 Drügen-Pütt
(Haltern)

 Biker's Farm
(Buldern)

 Biker-Treff
(Nordkirchen)

Frisch gestärkt geht es dann über *Appelhülsen* nach *Senden*. Wer schon angesichts der Burgen Groß-Schonebeck und Klein-Schonebeck in Besichtigungsfieber verfallen will, sollte sich noch einige Kilometer gedulden. Es gibt eine deutliche Steigerung. Wer einfach *faaaahren* will, wird spätestens ab *Ottmarsbocholt* den Gashahn aufmachen. Sanfte Kurven ohne Speedlimit lassen etwas von den begehrten Zentrifugalkräften erahnen.

In *Nordkirchen* müssen die Zügel wieder angezogen werden. Wenn man erst die zweite Abbiegung rechts Richtung *Selm* wählt, nimmt man zwar eine kurze Ortsdurchfahrt in Kauf, hat aber die Möglichkeit, dem „Westfälischen Versailles" seine Referenz zu erweisen: Das *Schloss Nordkirchen* ist das größte Wasserschloss Westfalens, stammt aus dem 18. Jahr-

hundert und weiß mit einer großzügigen, gepflegten Parkanlage zu imponieren.

Außerdem landet man, wenn man diese Strecke wählt, auch auf der deutlich besseren Straße nach Selm. An der zudem noch der lohnenswerte *Biker-Treff Nordkirchen* liegt (siehe auch S. 67). Zügig, aber ohne Hast erreichen wir dann *Selm*, wo man hilfreiche Hinweisschilder vermisst. Also so weit geradeaus fahren, wie es geht, dann rechts abbiegen, über den Bahnübergang und sofort wieder links. Da steht zwar nur „Radstation", aber nach dem Wohngebiet wird's wieder schön.

Hinter *Vinnum* geht es über die Lippe und durch *Datteln* weiter Richtung *Ahsen*. Dort heißt es rechts abbiegen, sich noch einmal durch eine enge Ortschaft zwängen und dann erneut die Lippe überqueren. Danach geht es links ab Richtung *Hullern* (!). Und jetzt gibt es noch mal südliches Münsterland von seiner bewaldeten Seite. Wermutstropfen: Wenn hier mal eine Kurve lockt, steht bestimmt eine Geschwindigkeitsbegrenzung davor. Die letzten Tempolimits vor dem *Halterner See* sollte man aber durchaus ernst nehmen: Ein Radweg kreuzt die Straße – leider ohne Markierung – und viele Spaziergänger stellen ihr Auto am Rand der Heide ab.

Die hier und nordöstlich des Halterner Stausees aufgestellten Schilder „Unfalltod lauert" kennt man aus der Eifel. Hier wirken sie ziemlich lächerlich: Denn wo zum Kuckuck soll man auf dieser Strecke eine Kurve im „Hanging-Off" nehmen können? Wer zum Abschluss der Tour nicht wieder beim Drügen-Pütt

einfahren will, hat Alternativen: Der *Parkplatz am See* könnte auch mal wieder Besucher vertragen, *Jupp unner de Böcken* ist ganz amüsant und zu *Mutter Vogel* ist es ja auch nicht sehr weit (siehe S. 61 - 63).

Nordkirchen

Versailles war Vorbild für das barocke Wasserschloss in Nordkirchen. Wer im Park lustwandeln möchte, kann dies jederzeit tun. Einblicke in die historischen Räume gibt es auf Führungen, die sonntags von 11 bis 18 Uhr angeboten werden (Herbst/Winter: 14 bis 16 Uhr). In der Woche geht's im Schloss ganz profan zu: Hier sitzt die Fachhochschule für Finanzen NRW.
Tel: 02596 - 91 71 37

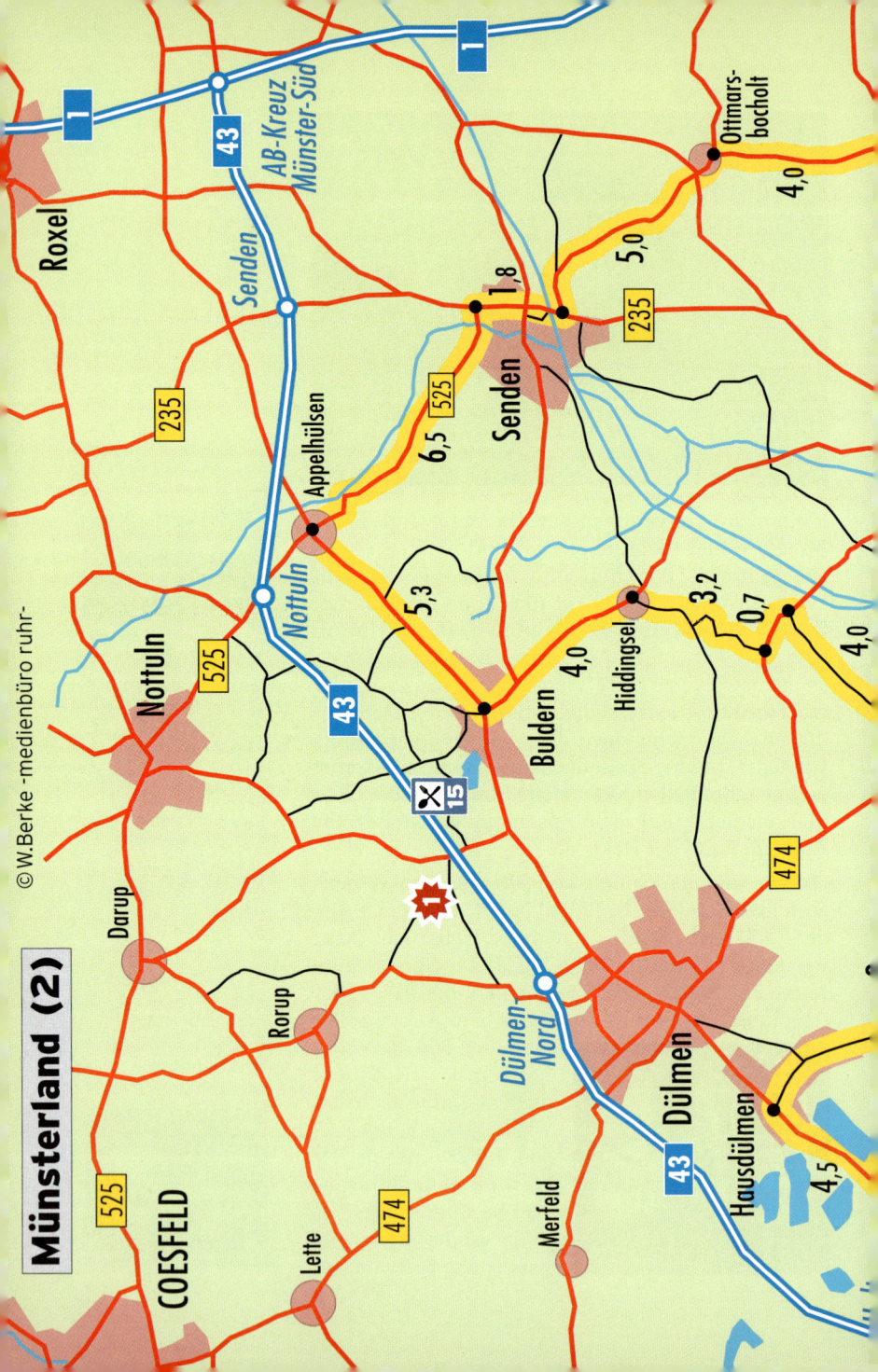

Nordsee, Alpen, Niederrhein

Typ:	zügige Rundtour, überwiegend Nebenstrecken
Geeignet für:	Tourer, Cruiser, Roller
Rundkurs:	ca. 180 km ab Duisburg-Kaiserberg
Timing:	halber Tag, ganztags mit Besichtigungen
Sightseeing:	reichlich Möglichkeiten
Grünfaktor:	hoch
Kurven:	nur wenige Abschnitte mit Kurven
Biker-Dichte:	gering, abschnittsweise mittel

Kevelaer

Wallfahrten haben hier eine lange Tradition. Für die schnelleren unter den Gläubigen gibt es an jedem 3. Juli-Wochenende die Motorrad-Wallfahrt. Auch sonst bietet die Handwerker-Stadt viel Sehenswertes. Zum Beispiel im Museum für Volkskunde und Kulturgeschichte, das täglich (außer Mo.) von 10 bis 17 Uhr viel kunsthandwerkliche Tradition vermittelt. Und was man alles mit Gold, Silber, Bronze, Holz, Ton oder Leder machen kann, zeigen Werkstätten und Galerien.

Als Ausgangspunkt für diese je nach Laune flotte oder gemächliche Runde am Niederrhein soll der Motorradtreff in *Duisburg-Kaiserberg* (siehe S. 50) dienen. Natürlich muss man die Tour nicht an einem Sonntag machen – an Werktagen gibt es allerdings keine Moppeds am Zoo-Parkplatz in Kaiserberg.

Klar, man kann auf Stadt- und Landstraßen aus *Duisburg* hinausfahren. Aber wirklich Spaß macht der Stop-and-Go-Verkehr inmitten der Blechbüchsen nicht. Also zunächst auf der A 40 nach Westen bis zur Ausfahrt *Neukirchen-Vluyn*. Hier geht es durchs Grüne zunächst in Richtung *Krefeld*, die Strecke ist eine gute Einstimmung auf das Kommende, selbst wenn die 70 km/h-Schilder zunächst den dynamischen Fahrfluss noch im Zaume halten.

Vor der Ortseinfahrt nach Krefeld geht es am Kreisverkehr rechts ab und dann durch Wald und den Stadtteil *Wiesengrund* sowie nördlich an *Tönisvorst* vorbei nach *Oedt*. In der kleinen Ortschaft rechts abbiegen und zunächst einige Kilometer nach Norden in Richtung *Wachtendonk* fahren. Man merkt, dass es zur niederländischen Grenze nicht mehr allzu weit ist. Riesige Gewächshäuser sagen: Auch wir deutschen Bauern können im Winter Tomaten ernten. Nicht nur Gewächshäuser, sondern auch Spargelfelder säumen den Weg über die hervorragend ausgebauten Nebenstrecken, auf denen man nur selten durch Tempo-Limits heruntergebremst wird.

Drei Kilometer vor Wachtendonk geht die Tour links ab und über *Vorst*, *Harzbeck* und *Wankum* Richtung

![Windmühle am Niederrhein]

Straelen. Wer nicht durch Straelen fahren will, kann den Ort auf kleinen Nebenstraßen östlich umgehen. Nördlich von Straelen stößt man auf die Bundesstraße 58. Wem jetzt der Sinn nach ein wenig Sightseeing steht, der kann über die B 58 zunächst nach *Geldern* und dann weiter nach *Kevelaer* fahren (was es dort zu sehen gibt, steht im Kasten links). Wer noch keine Pause machen will, überquert nördlich von Straelen die B 58, biegt bei der nächsten Gelegenheit hinter *Vossum* rechts ab und hält sich dann an die Beschilderung nach Kevelaer. Nach einem kleinen Wäldchen geht es in *Lüllingen* links ab und in einem großen Bogen westlich um Kevelaer herum nach *Weeze*.

In *Weeze* fahren wir ein paar Meter auf der B 9 nach *Goch* und noch vor dem Hochschalten in den dritten Gang wieder rechts ab Richtung *Uedem*. Theoretisch könnte man jetzt weiter geradeaus fahren und über Uedem auf direktem Weg den Rhein ansteuern, denn ein wenig Wasser steht ja auch noch auf dem

Keine Frage: Holland ist nicht weit entfernt. Längs der Strecke gibt es das ein oder andere schön restaurierte Stück Windmühle zu bestaunen.

Motorradtreffs auf dieser Tour:

 01 Kaiserberg (Duisburg)

 19 Rheinfähre (Xanten)

Bild rechte Seite:
Nahe bei Xanten liegt
der Nordsee. Hier
kann man nicht nur
gut surfen, sondern
auch ganz entspannt
eine Tasse Kaffee
trinken.

Xanten 2

Xanten bietet
alt und *ganz alt*. Der
historische Ortskern
hat ein paar hundert
Jahre auf dem Bu-
ckel. Von mehr als
2.000 Jahren können
die Steine aus römi-
scher Zeit erzählen,
die in und um Xanten
aus dem Erdreich ge-
holt und auch or-
dentlich wieder zu-
sammengesetzt wur-
den. Über welch' fei-
ne Dinge die ollen
Römer vor Urzeiten
schon verfügten,
kann man heute im
Archäologischen Park
bestaunen. Während
der Saison ist der
Park täglich von 9 bis
18 Uhr geöffnet. Ver-
fehlen kann man ihn
nicht.

Programm. Doch die schönen Straßen durch den
Balberger Wald und den *Hochwald* lohnen einen
Zehn-Kilometer-Schlenker.

Also hinter Weeze erst gar nicht versuchen, richtig
Gas zu geben, sondern nach der Brücke über die A 57
sofort rechts ab, wieder unter der Autobahn durch
und dann dynamisch in Richtung *Sonsbeck* be-
schleunigen. Etwa zwei Kilometer vor Sonsbeck geht
es bei *Hestert* links ab. Eine Strecke zum Genießen:
Kurven, Wald und (nanu?!) leichte Berge. Würde man
erst eine Möglichkeit später links abbiegen, führe
man durchs Ausflugsgebiet *Reichswald*. Auch schön,
vor allem, wenn man rasten will. Zum Durchheizen
ist der Reichswald eher ungeeignet. So oder so gefahren: Der Hauch Vorgebirge hat sich aber bald er-
ledigt, nach wenigen Kilometern treffen beide Rou-
ten wieder aufeinander, die B 57 wird gekreuzt und
die Ziele heißen *Vynen* und *Wardt*, wo es endlich
Wasser gibt: Nordsee und Südsee. Nein, nicht *die*
Nordsee, sondern *der* Nordsee.

Eben jener lädt wie sein südlicher Bruder zu einer
entspannten Rast ein. Fährt man bei *Wardt* an den
Nordsee, kann man zwischen Kiosk und Tischen direkt am Wasser oder dem Rundumservice im Ausflugslokal ein paar Meter weiter wählen. Während
man den Surfern zuschaut, sollte man überlegen, ob
man zwei Stunden für eine Kurzbesichtigung von
Xanten einplant, ob man dem Klassiker der niederrheinischen Motorradtreffs noch seine Aufwartung
machen – oder einfach weiterfahren will.

Xantens Sehenswürdigkeiten und vor allem die Aus-
grabungen kann man kaum verfehlen, etliche Schilder weisen den Weg. Der Motorradtreff *Zur Rheinfähre* ist nicht so gut ausgeschildert. Wenn man auf
der B 57 gen Süden den Ortskern von Xanten rechts
liegen gelassen hat, zweigt links die Gelderner Straße ab. Hier geht's mit kleinen Schlenkern aber zielsicher zum Rhein und zur Rheinfähre, wo sich an
sonnigen Wochenenden die Ausflügler (und zwar
auch viele ohne Motorrad) drängen (siehe S. 68).

Wieder zurück fährt man einfach geradeaus über die
B 57 hinweg und ist schon auf dem richtigen Weg

nach *Sonsbeck.* Wer bislang immer noch keine Rast gemacht hat, sollte es spätestens hier tun. Sonsbecks Cafés und Straßenkneipen sind die letzte wirklich schöne Gelegenheit zum Boxenstopp auf dieser Tour.

Von Sonsbeck aus geht es nach *Alpen* – und das Betätigen des Gasgriffs gerät zur reinen Wonne. Also: Es lässt sich doch auch in der flachen Ebene ohne Grand-Prix-Kurven ganz vorzüglich Motorradfahren. Wenn man sich bei Alpen fern der Stadt rechts dran vorbei hält und *Kamp-Lintfort* ansteuert, bleibt einem dieses Vergnügen noch ein paar Kilometer erhalten. Vor Kamp-Lintfort kann man auf eine Nebenstraße ausweichen, die unmittelbar nach einem längeren Waldstück rechts abzweigt (keine Beschilderung).

Wenn man die B 510 erreicht, hält man sich rechts Richtung *Rheurdt* und dann links Richtung *Rayen.* Die A 57 erreicht man besser als die A 40. Auf letztere kommt man dann aber am *Kreuz Moers* – und zurück geht's über den Rhein dann wieder rein ins Ruhrgebiet. Mit dem erleichternden Gefühl, dass man die motorradfahrenden Brüder und Schwestern am Niederrhein nicht wirklich bedauern muss.

Motorrad- **3**
Museum Moers

Noch 'ne Wallfahrt, und zwar zu Anton Schuth und seinem Motorrad-Museum in Moers-Asberg. Wer noch nicht müde ist, muss noch mal von der Bahn runter, bevor es über den Rhein nach Hause geht. Im Niederrheinischen Motorradmuseum stehen schließlich weit über 300 Oldies, alle aufs Feinste restauriert. Die Adresse Friemersheimer Str. 106 ist nicht ganz leicht zu finden. Unter www.moers.de gibt's eine Anfahrtskizze. Tel: 02841 - 50 85 22.

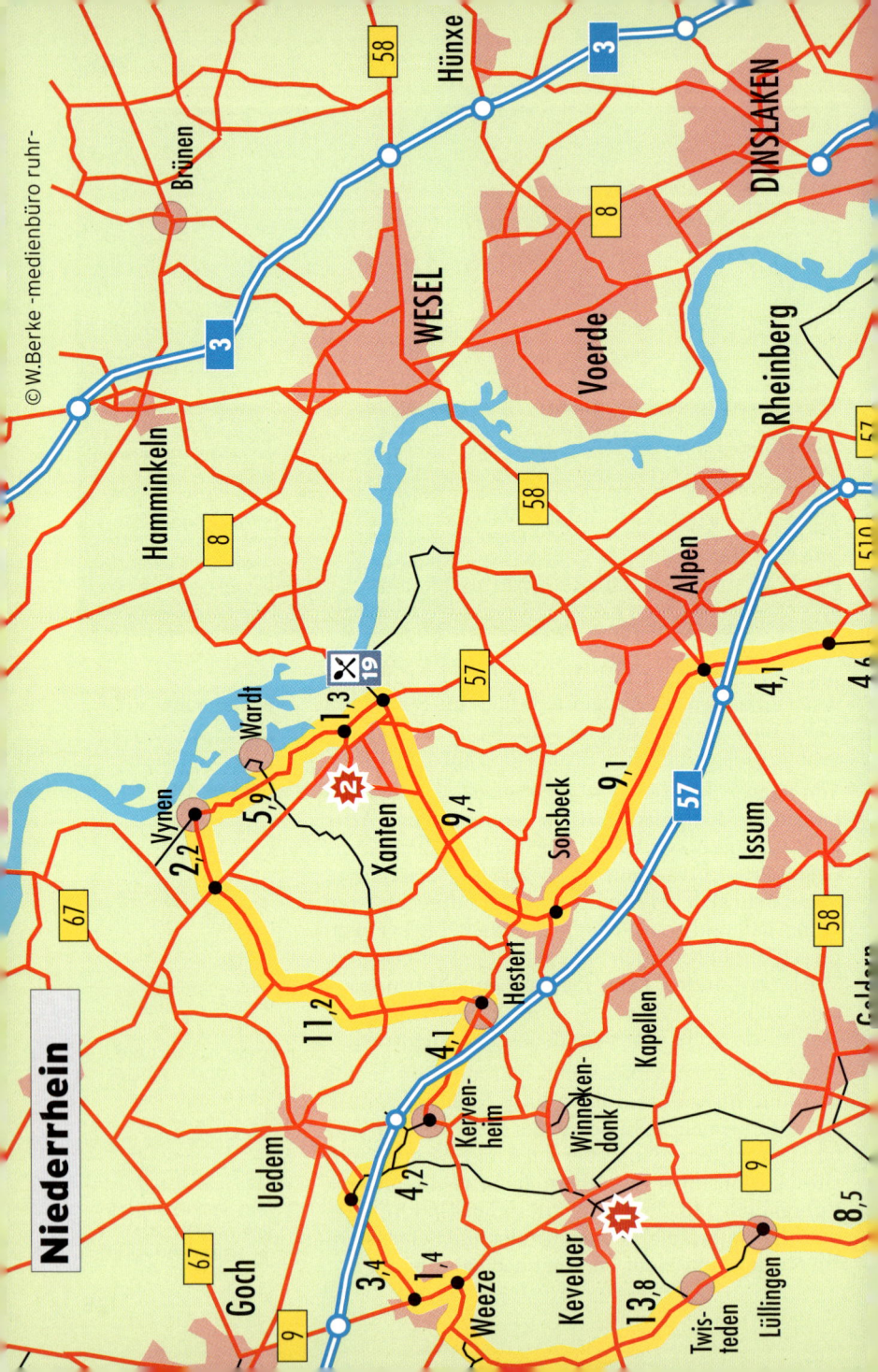

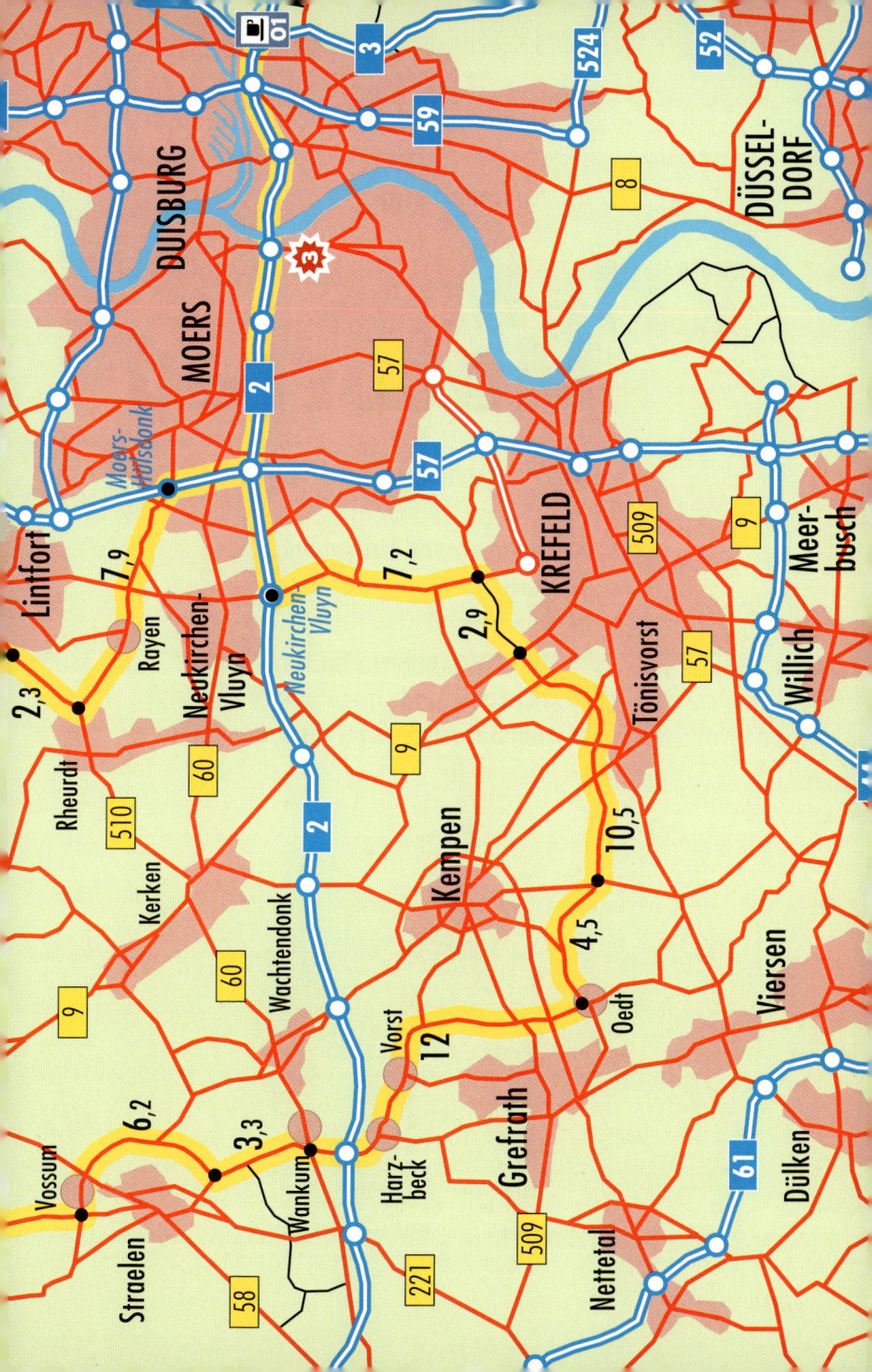

In Vorbereitung:

Erlebnis
Motorrad

für Fahrerinnen und Fahrer in

- München und Umgebung
- Berlin und Umgebung
- Rhein-Main
- Köln/Düsseldorf und Umgebung
- Stuttgart und Umgebung
- Hamburg/Bremen und Umgebung

Klartext

Alle Fotos:
Uwe Hirschmann

außer:

Wolfgang Berke: S. 10(l.), 13(r.), 16, 20, 21(r.), 25, 28(l.),
31(r.), 77, 78(l.), 86, 99, 105, 112(l.), 119(u.l.)
Holger Gerdes (Landespresseamt NRW): S. 26(l.), 29(l.), 34
Horst Henrychowski, Düsseldorf: S. 85(2)
Achim Nöllenheidt: S. 27(r.), 29(r.)
Stadt Hattingen, Presse- und Informationsbüro: S. 45
Wirtschaftsförderungs-Gesellschaft der Stadt Kevelaer: S. 122
Kreis Recklinghausen: S. 38
Syburger-Verlag: S. 48(r.)
Verkehrsverein Velen-Ramsdorf: S. 110
Stadt Xanten: S. 124